近畿圏版③　最新入試に対応！家庭学習に最適の問題集!!

関西学院初等部
雲雀丘学園小学校

2022～2023年度過去問題を掲載

2024年度版

過去問題集

合格までのステップ

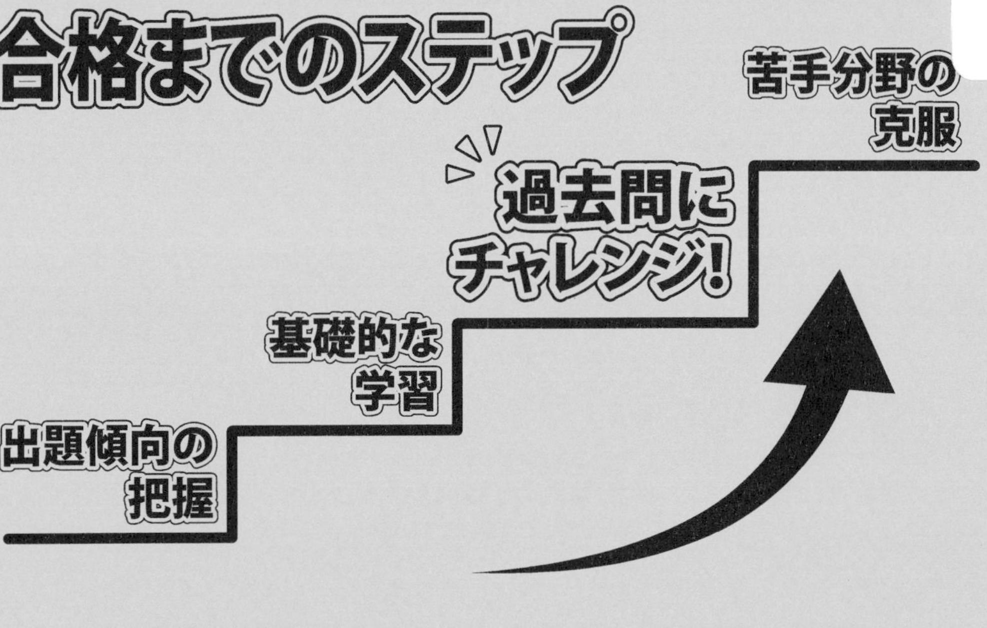

●資料提供●
ヘッズアップセミナー

日本学習図書 ニチガク

ISBN978-4-7761-5517-1
C6037 ¥2300E

定価 2,530 円
(本体 2,300 円 + 税 10%)

9784776155171
1926037023005

目指せ！合格！

家庭学習ガイド
関西学院初等部

ペーパー　口頭試問　行動観察　運　動　親子面接

入試情報

募集人数：男女 90 名
応募者数：男子 54 名、女子 84 名
出題形態：ペーパー、ノンペーパー
面　　接：保護者・志願者
出題領域：ペーパー・口頭試問（常識、推理、言語、図形、お話の記憶）、行動観察、運動

入試対策

2023 年度入試では、行動観察と運動のテストが３年ぶりに実施されました。当校は、入試の時期によって、試験内容が異なります。A 入試では、個別適性検査（ペーパーテスト）、行動観察、運動、親子面接を実施し、B 入試では、志願者口頭試問、行動観察、親子面接を実施しました。ペーパーテストや口頭試問の内容ですが、例年出題されているものと大きな違いはありませんでした。

●絵本からストーリーを抜粋した「お話の記憶」の問題が例年出題されています。読み聞かせを習慣にして、長文の出題にも慣れておきましょう。

● 2023 年度入試では、「行動観察」「運動」が復活しました。集団での試験や、ボールの扱い方などに慣れておきましょう。

●当校の入試は、常識分野の問題が幅広く出題される傾向にあります。ペーパー学習と同じくらい、日頃の生活体験が重要になってきます。

「関西学院初等部」について

＜合格のためのアドバイス＞

2023 年度Ａ入試は「親子面接（10 分）、個別適性検査（30 分）、集団行動観察（20 分）、運動（5 分）」、B 入試は「親子面接（10 分）、子どものみの口頭試問（10 分）、集団行動観察（20 分）」で実施されました。

2022 度の入試と大きく変わった点は、行動観察と運動の試験が３年ぶりに実施されたことです。2023 度の行動観察では、５人１グループで、紙を切り貼りする制作の課題が実施されました。３年前に実施された行動観察の課題は、ボーリングゲームでした。2023 度の運動の課題では、ボール投げや、走り幅跳びが出題されました。３年前に実施された運動の課題は、同じくボール投げや、反復横跳びでした。

個別適性検査（ペーパーテスト）や口頭試問の内容は、大きな変化はありません。当校の入試の特徴は、常識分野の問題が幅広く出題されることが挙げられます。特に、理科や社会、言語などの対策は必須です。

マナーやルールについては、面接時に質問されます。ペーパーテストとは違い、その場で即答しなければなりません。そのためには、普段からの取り組みが大切になります。ここ数年、コロナ禍の生活を余儀なくされたお子さまは、外出や人と交流する機会が減っており、この影響は入試結果にも表れています。特に、常識問題は入試において差がつきやすい分野の１つであり、出題頻度が上がっている分野でもあります。再度、お子さまとマナーやルールについての確認をすることをおすすめいたします。

親子面接は、願書に書いてある項目からの質問を中心に、家庭での教育方針や、お子さまの性格やエピソードなど多岐にわたる質問をされます。学校の教育方針をしっかりと理解すること、家庭で大切にしている教育方針を整理することが面接の対策になります。

〈2023 年度選考〉

◆ペーパーテスト
◆口頭試問
◆行動観察
◆運動
◆保護者・志願者面接

◇過去の応募状況

2023 年度	男子 54 名	女子 84 名
2022 年度	男子 79 名	女子 75 名
2021 年度	男子 97 名	女子 142 名

〈本書掲載分以外の過去問題〉

◆常識：土の中にできる野菜を選ぶ。［2021 年度］
◆図形：パズル［2021 年度］
◆言語：しりとり［2021 年度］
◆記憶：「カーくんと森のなかまたち」（著　吉沢誠）より出題。［2020 年度］
◆常識：生き物の産卵場所を線でつなぐ。［2020 年度］
◆常識：春が旬の野菜を選ぶ。［2020 年度］

目指せ！合格！

家庭学習ガイド
雲雀丘学園小学校

口頭試問　絵画　行動観察　運動　親子面接

入試情報

募集人数：男女計135名（内部進学者を含む）
応募者数：男女計162名
出題形態：ノンペーパー
面　　接：保護者（原則両親）・志願者
出題領域：口頭試問（お話の記憶、数量、推理、図形、言語、常識）、行動観察、絵画、運動

入試対策

昨年度は、併願者のみペーパーテストが実施されていましたが、2023年度入試からは、専願者・併願者ともにペーパーテストはがなくなり、個別適性検査はすべて口頭試問で実施されました。瞑想や、箸使い、縄跳び、絵制作など、毎年実施されている試験がいくつかありますので、これらはしっかりと対策をしましょう。面接は、両親で参加必須です。面接前に、両親はアンケートの記入があります。また、面接中には親子３人で簡単なゲームをします。

●理科常識の問題は、季節、動物、植物など、幅広い上に高い知識を求められる出題があります。しっかりと学習しておいてください。

●個別テストでは、実物を見せておいて、「これは何?」と聞かれることもあるので、実際にさまざまなものを見たり経験したりして知識を身に付けてください。

●今年も模写と絵画が出題されました。丁寧に描くことはもちろんですが、何を描くのかも大切なポイントになります。

「雲雀丘学園小学校」について

〈合格のためのアドバイス〉

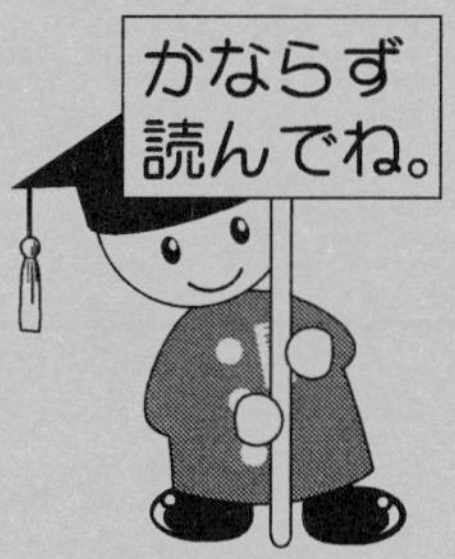

当校は、個性と創造力を伸ばし、基礎学力をしっかり身に付ける初等教育を実施しています。「花育」をキーワードに、花や緑に触れることによって、自然に親しみ、自然を慈しみ、自然を守ろうとする心を養い、「自然を大切にする心＝地球環境の保護」の意義を学んでいます。

2023年度入試では、A日程・B日程の試験日程が同日になりました。また、入試の実施方式なども変化が見られましたが、ようやく形が決まりつつあります。発表されている過去のA日程入試状況からも専願有利ははっきりしています。

口頭試問は問題数も多く、さまざまな分野の出題があります。口頭試問は、解答内容だけではなく、回答するときの態度や姿勢、言葉遣いなども評価されています。保護者の方は日頃の学習の中で、正解不正解に固執するのではなく、どのように考えたのかという過程も大切にしてください。お子さまの解答が間違っていたら、どうしてそう思ったのかを聞くことにより、解決策が見つかり、さらに深い理解を得られる学習が可能になります。お子さま自身に、「どう考えたのか」を常に意識させるように心がけてください。

親子面接は、昨年度と同じ形式で実施されました。事前のアンケート記入と、面接中のゲームは必須だと考えてよいでしょう。面接やアンケートでは、お子さまと接しているときのご家庭の雰囲気や、しつけについての考え方、お子さまのことをしっかり考えているかなどをチェックされます。ご夫婦の回答が一致しているかではなく、ご家庭にしっかりと向き合い、学校の考え方を理解している姿勢が求められます。

〈2023年度選考〉

◆口頭試問
◆制作
◆行動観察
◆運動
◆保護者・志願者面接

◇過去の応募状況

2023年度	男女 162名
2022年度	男女 180名
2021年度	男女 212名

〈本書掲載分以外の過去問題〉

◆推理：規則に従って並んだ図形の列の空欄を埋める。[2021年度]
◆常識：花を季節順に並べる。[2021年度]
◆音楽：お手本通りにタンバリンを叩く。[2021年度]
◆言語：物の数え方を答える。[2021年度]

関西学院初等部
雲雀丘学園小学校
過去問題集

〈はじめに〉

　現在、少子化が叫ばれているにもかかわらず、私立・国立小学校の入学試験には一定の応募者があります。入試は、ただやみくもに学習するだけでは成果を得ることはできません。志望校の過去における出題傾向を研究・把握した上で、練習を進めていくこと、試験までに志願者の不得意分野を克服していくことが必須条件です。そこで、本問題集は小学校を受験される方々に、志望校の出題傾向をより詳しく知って頂くために、出題頻度の高い問題を結集いたしました。最新のデータを含む精選された過去問題集で実力をお付けください。
　また、志望校の選択には弊社発行の「**2024年度版　近畿圏・愛知県　国立・私立小学校　進学のてびき**」をぜひ参考になさってください。

〈本書ご使用方法〉

◆出題者は出題前に一度問題を通読し、出題内容などを把握した上で、**〈 準 備 〉**の欄に表記してあるものを用意してから始めてください。
◆お子さまに絵の頁を渡し、出題者が問題文を読む形式で出題してください。問題を読んだ後で、絵の頁を渡す問題もありますのでご注意ください。
◆**「分野」**は、問題の分野を表しています。弊社の問題集の分野に対応していますので、復習の際の目安にお役立てください。
◆一部の描画や工作、常識等の問題については、解答が省略されているものがあります。お子さまの答えが成り立つか、出題者が各自でご判断ください。
◆**〈 時 間 〉**につきましては、目安とお考えください。
◆本文右端の**［〇年度］**は、問題の出題年度です。**［2023年度］**は、「2022年の秋に行われた2023年度入学志望者向けの考査で出題された問題」という意味です。
◆**学習のポイント**は、指導の際にご参考にしてください。
◆**【おすすめ問題集】**は各問題の基礎力養成や実力アップにご使用ください。

〈本書ご使用にあたっての注意点〉

◆文中に**この問題の絵は縦に使用してください。**と記載してある問題の絵は縦にしてお使いください。
◆**〈 準 備 〉**の欄で、クレヨン・クーピーペンと表記してある場合は12色程度のものを、画用紙と表記してある場合は白い画用紙をご用意ください。
◆文中に**この問題の絵はありません。**と記載してある問題には絵の頁がありませんので、ご注意ください。なお、問題の絵の右上にある番号が連番でなくても、中央下の頁番号が連番の場合は落丁ではありません。
　下記一覧表の●が付いている問題は絵がありません。

問題1	問題2	問題3	問題4	問題5	問題6	問題7	問題8	問題9	問題10
問題11	問題12	問題13	問題14	問題15	問題16	問題17	問題18	問題19	問題20
			●						
問題21	問題22	問題23	問題24	問題25	問題26	問題27	問題28	問題29	問題30
	●	●		●				●	●
問題31	問題32	問題33	問題34	問題35	問題36	問題37	問題38	問題39	問題40
					●			●	
問題41	問題42	問題43	問題44	問題45	問題46	問題47	問題48	問題49	問題50
	●			●				●	●

得 先輩ママたちの声！

◆実際に受験をされた方からのアドバイスです。
ぜひ参考にしてください。

関西学院初等部

・親子面接では、家族の自然体なの雰囲気が出せるように、スポーツやボランティアなど、日頃から家族全員で取り組めるものがあればよいと思いました。

・ペーパーテストでは、常識分野の出題が多い印象でした。普段の生活体験が影響してくると思うので、親子で出かけたり、読書をする時間をたくさんとっておくことも対策になると思います。

・きちんと勉強させたつもりでしたが、それでも子どもは「難しかった」と言っていました。試験対策はしっかりとっておいた方がよさそうです。

・お話の記憶の問題は、毎年、既存の書籍から長文で引用されています。集中力や記憶力が必要なので、普段から読み聞かせをしておくとよいと思います。

雲雀丘学園小学校

・ペーパーテストがなく、試験は口頭試問のみでした。初対面の相手とも、自然に話せるよう、練習しておく必要があると感じました。

・口頭試問がほとんどということは、態度やマナーも見られています。自発的な挨拶や、丁寧な言葉遣いはきちんと指導しておく必要があると思います。

・瞑想や縄跳びなど、毎年出題されている試験は、必ずできるようにしておく方がよいと感じました。

・親子面接やアンケートでは、家庭内の教育に関する考え方が問われました。答える内容は、親同士で事前に確認しておく必要があります。

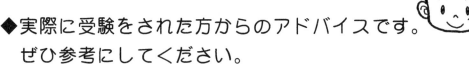

〈関西学院初等部〉

※問題を始める前に、本書冒頭の「本書ご使用方法」「本書ご使用にあたっての注意点」をご覧ください。
※本校の考査は鉛筆を使用します。間違えた場合は×で訂正し、正しい答えを書くよう指導してください。

保護者の方は、別紙の「家庭学習ガイド」「合格ためのアドバイス」を先にお読みください。
当校の対策および学習を進めていく上で役立つ内容です。ぜひご覧ください。

2023年度の最新問題

問題1　分野：推理思考（シーソー）、常識（理科）

〈準 備〉　鉛筆

〈問 題〉　①左のシーソーのように、イチゴ１つはバナナ２つと釣り合います。それでは、イチゴ３つは何本のバナナと釣り合いますか。その数だけ下の四角の中に○を書いてください。
②生き物の重さを比べました。重たい生き物の方に○をつけてください。

〈時 間〉　30秒

〈解 答〉　①○：６　②ウサギ、カブトムシ

学習のポイント

①のシーソーの問題は、小学校入試において、出題頻度の高い問題の１つです。本問では、シーソーは地面に平行で静止しているので、「釣り合っている＝重さが同じ」ということになります。イチゴ１つとバナナ２本が同じ重さということがわかっているので、イチゴ３つがバナナ何本の重さと等しいかを考えます。難しい場合は、シーソーの右側にバナナを描いて考えるとよいでしょう。②は常識の問題です。現実で重い方の生き物を選びます。生き物の実際の大きさを、知識として知っている必要があります。お子さまと一緒に図鑑を読んだり、動物園や公園に出かけて、生き物を観察することで知識を増やしていきましょう。

【おすすめ問題集】
Ｊｒ・ウォッチャー33「シーソー」、27「理科」、55「理科②」

問題2　分野：図形（系列）

〈準備〉　鉛筆

〈問題〉　マスの中の形はあるお約束で並んでいます。そのお約束を考え、空いているマスに入る形を書いてください。

〈時間〉　1分

〈解答〉　下図参照

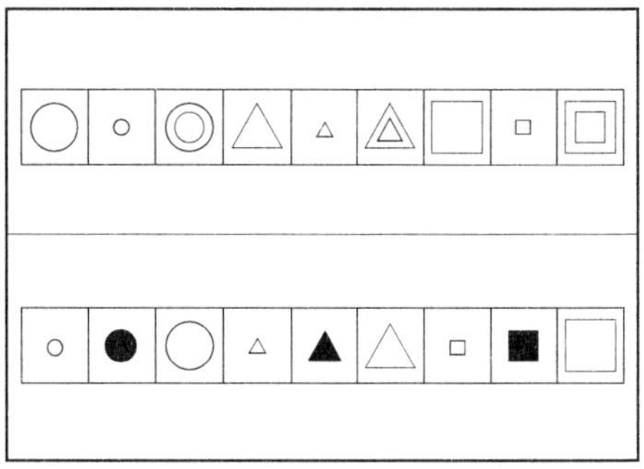

学習のポイント

系列を完成させるには、どのような約束事で絵が並んでいるかを左右の配列から推理・思考することが必要です。はじめのうちは声に出してみるのも1つの方法です。上段の問題であれば、「丸、小さい丸、（　）、三角、小さい三角、二重三角、（　）、小さい四角、二重四角」と言葉にすることで、並び方が整理でき、また、リズムによって規則性がつかみやすくなります。実際の試験では声を出すことはできません。ですからこの方法は、あくまでも慣れないうちの練習と考えてください。慣れてきたら、声に出すのではなく、頭の中で行うようにしましょう。また、記号を描くときは正確に書くようにしましょう。ポイントとしては、頂点のある形は、頂点をしっかりと書くよう指導してください。また、本問では大小の〇△□を使用します。ですから、採点者が一目でわかるような解答を意識しましょう。

【おすすめ問題集】
Ｊｒ・ウォッチャー６「系列」

問題3　分野：図形（座標）

〈準備〉　鉛筆

〈問題〉　上の四角を見てください。それぞれの果物が右の記号に変わります。では、下の四角を見てください。左のマスに描かれてある果物を、上のお約束通りに右のマスに書いてください。

〈時間〉　30秒

〈解答〉　下図参照

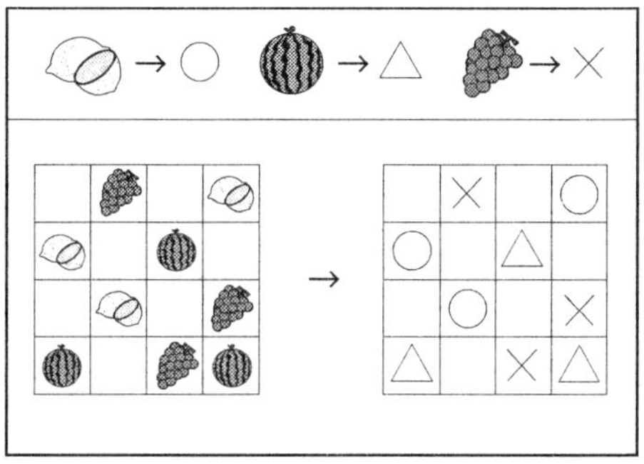

学習のポイント

このような問題は、正確性とスピードが求められます。問題の内容としては、特に難しいものではありませんから、確実に点数を取っておきたい問題の１つです。この問題を解く方法としては、元に書かれてある順番に沿って書き換えていくやり方と、スイカならスイカだけを書き、終わったら次の果物を書いていくやり方とがあります。どちらの方法を用いても構いませんが、処理スピードを考えると後者の方が短時間で書くことができると思います。この他で大切なことは、書き写すマスの位置を正確に把握することがあります。この位置関係を間違えると、例え、書き換えが正確でも正解とはなりません。この問題に限定するなら、書き写しの方法よりも、位置関係の把握の方が難易度は高い内容と言えるでしょう。このマス状の位置関係の把握には、将棋盤やオセロなど、マス目の盤を使用する物を代用教材として利用できますから、お試しください。

【おすすめ問題集】
　Ｊｒ・ウォッチャー2「座標」

問題4　分野：図形（図形の構成、四方からの観察）

〈準　備〉　鉛筆

〈問　題〉　上の四角にある、５つの積み木を使ってできる形はどれですか。下の四角の中から選び○をつけてください。

〈時　間〉　30秒

〈解　答〉　下図参照

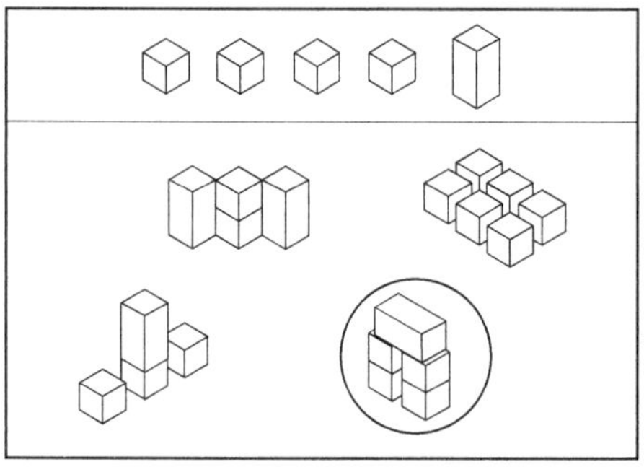

学習のポイント

本問は、図形の構成と数が関係する問題です。まず、構成する積み木の種類と数を正確に認識しなければなりません。次に、選択肢の中で明らかに違う形、数が合わない形を選択肢から除外していけば、残された形が正解となります。もし、その方法で正解が見つからないときは、選択肢を絞り、残されたものをしっかりと観察します。あらかじめ選択肢を減らしておくことで、残された積み木をしっかりと観察する時間を作ることができます。この問題は、空間認識力、観察力、数の把握、スピードなどが求められる問題ですが、特に、空間認識力と観察力は重要です。積み木に関する力を上げるためには、普段の遊びの中で、積み木遊びを取り入れ、いろいろな形を作ることがおすすめです。実際に積むことで、このような問題を解くときに、頭の中で積み木を積むことができるようになります。この、頭の中で積む行為は、四方からの観察を含め、積み木に関する問題全般に応用が可能です。こうした力を得るためにも、具体物を使用した遊びを積極的に取り入れましょう。

【おすすめ問題集】
Ｊｒ・ウォッチャー16「積み木」、54「図形の構成」

問題5　分野：常識（理科）

〈準　備〉　鉛筆

〈問　題〉　生き物が住んでいる場所を線で結びましょう。

〈時　間〉　1分

〈解　答〉　下図参照

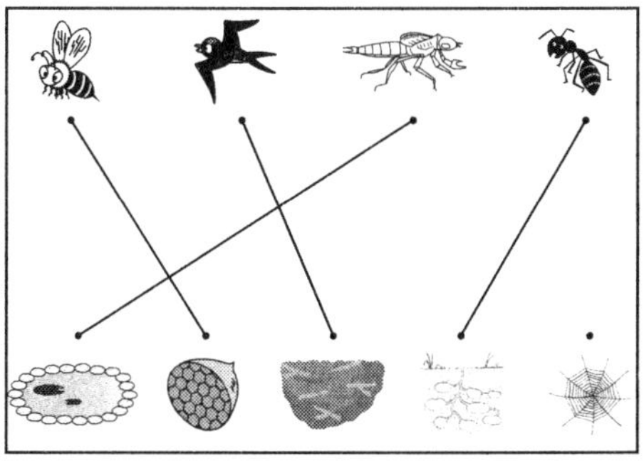

学習のポイント

この問題では、生態に関する常識と運筆の要素が含まれています。まず、生態に関する方ですが、この中で悩むのはヤゴだと思います。近年、宅地開発が進み、田んぼなどヤゴの生息地が生活圏から失われつつありますが、ヤゴは入試でよく出てきますので、この際、しっかりと覚えさせましょう。次に、解答の方法ですが、生き物が４つに対して選択肢が５つとなっており、選択肢が１つ余ります。このような出題形式の問題であっても、わかるものから線で結び、選択肢を減らす消去法の考え方で解答していく方法がおすすめです。そして最後のポイントは、点と点をしっかりと線で結べていたかです。入試のときは、指示が出ていなくても、このように点が示されている場合は、点と点をしっかりと結ぶように解答しましょう。また、お子さまが描いた線はしっかりとした直線でしたか。描いた線を見れば、自信を持って解答したのか否かはわかります。自信を持って線が描けるよう、しっかりと学習しましょう。

【おすすめ問題集】

Ｊｒ・ウォッチャー27「理科」、55「理科②」

問題6　分野：常識（理科）

〈準　備〉　鉛筆

〈問　題〉　磁石につく物とつかない物が入っている袋に○をつけてください。

〈時　間〉　30秒

〈解　答〉　下図参照

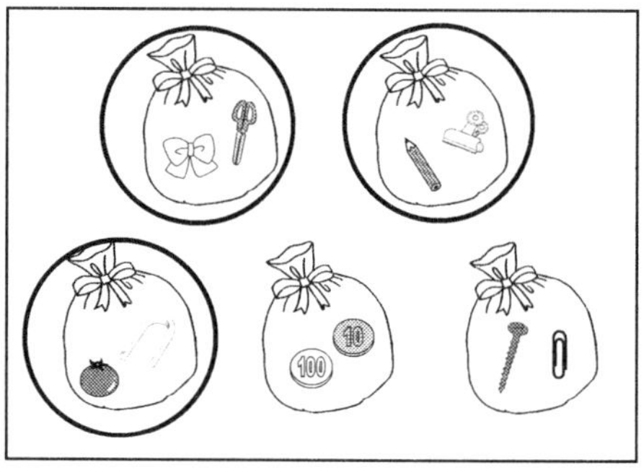

学習のポイント

「鉄は磁石につく」という知識があれば問題をスムーズに解くことができるでしょう。しかし、その知識だけではなく、「ハサミの刃は鉄でできている」「硬貨は鉄でできていない」という派生した知識も必要です。解答時間も短いため、磁石につく物とつかない物は知識として知っているに越したことはありません。知識を身につけるために、ご家庭で、磁石にいろいろな物を近づけてみる体験をすることをおすすめいたします。このとき、「磁石につく物にはある共通点があるけど、何だと思う？」とお子さまに質問をし、考える時間を設けましょう。保護者の方は、スチール缶やアルミ缶、硬貨などを使って、金属にもさまざまな種類があることを伝えてあげるとよいでしょう。「すべての金属が磁石にくっつくわけではない」ということがわかれば、日常生活で何気なく使っている道具についても、興味や探究心が生まれると思います。

【おすすめ問題集】

Ｊｒ・ウォッチャー27「理科」、51「運筆①」、52「運筆②」、55「理科②」

問題7　分野：常識（季節）

〈準備〉　鉛筆

〈問題〉　季節の順番通りに並んでいるものには○、並んでいないものには×をつけてください。

〈時間〉　30秒

〈解答〉　下図参照

×	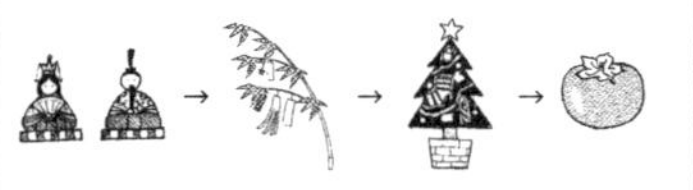
○	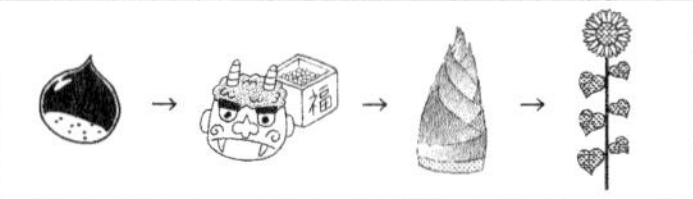
×	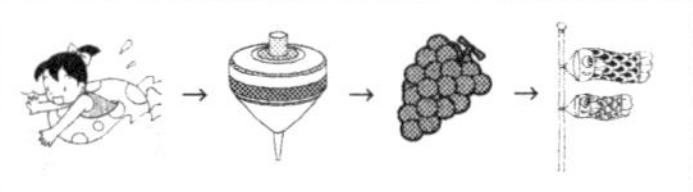

学習のポイント

旬の食べ物、季節の行事などが出題されています。間違えてしまった箇所は、春夏秋冬をもう一度確認しておきましょう。常識問題は、知識がなければ正解することができません。ここで求められる知識は、生活体験に基づいた知識になります。入試のための知識も、実は、生活体験が土台となっていることがわかると思います。学習の際、行事は行事、食材は食事と分けて指導する方がいますが、これはおすすめできません。そのような場合、この問題に対応できなくなってしまいます。おすすめの対策として、仲間集めのゲームなどをして、楽しみながら知識をつける方法があります。日常生活の中で学べることは数多くあるので、生活と学習を切り離すのではなく、「生活＝学習」という気持ちで小学校受験に取り組んでいくようにしましょう。

【おすすめ問題集】
Ｊｒ・ウォッチャー34「季節」

家庭学習のコツ①　「先輩ママのアドバイス」を読みましょう！

本書冒頭の「先輩ママのアドバイス」には、実際に試験を経験された方の貴重なお話が掲載されています。対策学習への取り組み方だけでなく、試験場の雰囲気や会場での過ごし方、お子さまの健康管理、家庭学習の方法など、さまざまなことがらについてのアドバイスもあります。先輩ママの体験談、アドバイスに学び、ステップアップを図りましょう！

問題8　分野：常識（日常生活）

〈準備〉　鉛筆

〈問題〉　地震が起きたときに使ったり、役に立つ物に○をつけてください。

〈時間〉　20秒

〈解答〉　下図参照

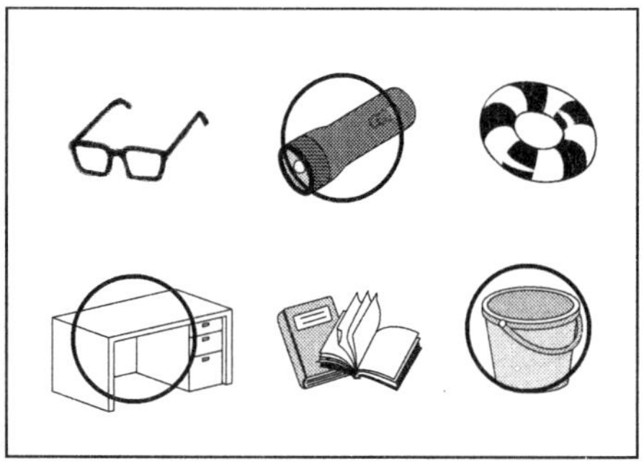

学習のポイント

本問では、地震が起きたときに使ったり、役に立つ物を問われていますが、もし、大きな地震が発生したら、最初に何をするのか、お子さまは、身の安全確保について理解しているでしょうか。この問題は、試験でもありますが、起こりうる事態に対する心構えについてご家族で話し合いをするきっかけにして欲しいとも思います。これらの道具は、なぜ災害時に役に立つのか、どのように使うのかも、お子さまに質問してみましょう。試験に焦点を当てて考えてみますと、このような体験を伴う問題は、小学校入試では頻出分野になりつつあり、かつ、常識の問題では、解答時間が短くなってきている傾向があります。その理由ですが、試験対策として覚えたことを問うのではなく、普段から行ったりしているのかなど、日常生活に結びつけてどうであるかを知るためです。考えて解答するものではないため、解答時間は短く設定されています。

【おすすめ問題集】
Ｊｒ・ウォッチャー12「日常生活」

問題9　分野：常識（日常生活）

〈準備〉　鉛筆

〈問題〉　**この問題の絵は縦に使用して下さい。**
３つがすべてそろう正しい組み合わせを上、真ん中、下につながるように線で結んでください。

〈時間〉　45秒

〈解答〉　下図参照

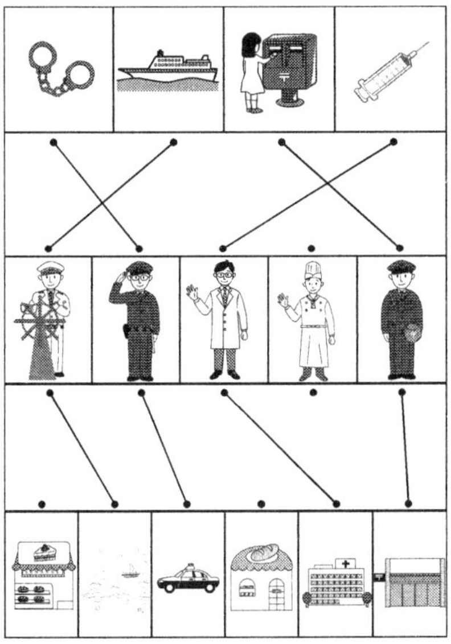

学習のポイント

本問の特徴は、それぞれの段の描いてある絵の数が違うことです。ですから、真ん中の人間を中心に考えると、上下段の絵と結びつけやすいのですが、上の段と線で結べない人が出てくることになります。普段、家庭学習の際、同数のものを結ぶ問題ばかりしていると、このような問題のときに混乱し、対応できなくなります。大切なことは先入観を持たずに問題に向き合うことです。また、「こうでなければ」「こうなるはずだ」などという考えを持って望むこともよくありません。大切なことは、問われたことに対して、正確に対応することです。ですから、問題をしっかりと聞き、指示されたことを実行する。このシンプルな姿勢で問題を解くように心がけましょう。保護者の方はこの問題をもう１度見てください。「すべて結ぶ」とは指示されていません。「３つがすべてそろう正しい組み合わせ」と指示されていますから、関係のないものは結ぶことができないことになります。問い方の決まっている問題はありません。ですから、幅広い問題に取り組み、慣れておくことが大切です。

【おすすめ問題集】
Ｊｒ・ウォッチャー12「日常生活」

問題10　分野：常識（日常生活）、記憶（見る記憶）

〈準備〉　鉛筆

〈問題〉　①（10－1の絵を渡す）
動物たちに「公園で何をしたの」と聞きました。質問に正しく答えている動物に○をつけてください。
パンダ：「お兄さんと一緒に行ったよ」
イ　ヌ：「すべり台に乗ったよ」
ゾ　ウ：「日曜日に行ったよ」
ウサギ：「もっと遊びたかったよ」

②（10－1の絵を回収し、10－2の絵を見せる）
絵をよく見て覚えましょう。
（20秒後、10－2の絵を伏せる。再び10－1の絵を渡す）
正しいことを言っている子に○をつけてください。
キリン：「車に乗ってお出かけしたよ」
ヘ　ビ：「すべり台で遊んだよ」
イ　ヌ：「1人で縄跳びの練習をしたよ」
ネズミ：「ブランコに乗って遊んだよ」

〈時間〉　各30秒

〈解答〉　①イヌ　②ヘビ、ネズミ

学習のポイント

①では、質問と答えが対応しているかを判断します。質問で「何をしたか」を聞かれているので、やったことを答えているイヌが正解です。パンダは「誰と行ったか」、ゾウは「いつ行ったか」、ウサギは遊んだ感想を言っています。話の内容を的確に把握し、対応しなければなりません。この問題は、日頃の会話の頻度が大きく影響してきます。お子さまとの会話を増やし、的確な答え方ができるようにしましょう。②は、見る記憶の問題です。正確に記憶するためには、「誰が、何をしているか」を1つひとつ抑えることがポイントです。お子さまが苦手意識を持たれているようでしたら、解答時間を長めに設定したり、絵の数を減らしてあげましょう。徐々に難易度をあげていくことで、お子さまも問題に慣れ、正答率も上がります。

【おすすめ問題集】
Ｊｒ・ウォッチャー12「日常生活」、20「見る記憶・聴く記憶」

問題11　分野：言語

〈準　備〉　鉛筆

〈問　題〉　「こぐ」という言葉を使う絵に○をつけてください。

〈時　間〉　30秒

〈解　答〉　下図参照

学習のポイント

同じ「こぐ」でも、「舟を漕ぐ」「ブランコを漕ぐ」「自転車を漕ぐ」と、違う動作を示していることを、きちんと理解しておきましょう。このような動詞は、他に「かける」「あげる」などがあります。これらの動詞はどのような場面で使うことができるか、お子さまに考えさせてみましょう。また、同音異義語は、実際に聞くほど、使うほどに覚えます。ですから、お子さまに話しかける際は、「ハンガーに服をかけて」「イスに腰かけて」というふうに、同音異義語を積極的に使いましょう。このように小学校受験で出題される言葉は、いずれも生活の中で実際に聞いたり、話したりすることのある馴染み深いものです。日常生活で使う言葉の量を増やし、お子さまの語彙力を鍛えましょう。

【おすすめ問題集】
Ｊｒ・ウォッチャー18「いろいろな言葉」

問題12　分野：記憶（お話の記憶）

〈準　備〉　鉛筆

〈問　題〉　節分の夜のことです。まことくんが元気に豆まきを始めました。ぱらばらばらばら。まことくんは炒りたての豆を力いっぱい投げました。「福はうち。オニは外」茶の間も、客間も子ども部屋も、台所も、玄関も手洗いも、丁寧にまきました。そこでまことくんは、「そうだ、物置小屋にもまかなくっちゃ」と言いました。その物置小屋の天井に、去年の春から小さな黒オニの子どもが住んでいました。「おにた」という名前でした。おにたは気のいいオニでした。昨日もまことくんに、なくしたビー玉をこっそり拾ってきてやりました。この前は、にわか雨の時、干し物を茶の間に投げ込んでおきました。お父さんの靴をピカピカに光らせておいたこともあります。でも、誰もおにたがしたとは気が付きません。恥ずかしがりやのおにたは、見えないように、とても用心していたからです。豆まきの音を聞きながらおにたは思いました。（人間っておかしいな。オニは悪いって決めているんだから。オニにもいろいろいるのにな。人も、いろいろいるみたいに。）そして、古い麦わら帽子をかぶりました。角隠しの帽子です。こうして、カサッとも音を立てないで、おにたは物置小屋を出て行きました。粉雪が降っていました。道路も屋根も野原も、もう真っ白です。おにたの裸足の小さな足が、冷たい雪の中に、時々ずぽっと入ります。（いいうちがないかなあ。）でも、今夜はどのうちも、ヒイラギの葉をかざっているので、入ることができません。ヒイラギはオニの目を刺すからです。小さな橋を渡ったところに、トタン屋根の家を見つけました。おにたの低い鼻がうごめきました。（こりゃあ、豆の匂いがしないぞ。しめた。ヒイラギもかざっていない。）どこから入ろうかと、きょろきょろ見回していると、入り口のドアが開きました。おにたは素早く家の横に隠れました。女の子が出てきました。その子はでこぼこした洗面器の中に、雪をすくって入れました。それから、赤くなった小さな指を口に当てて、はーっと白い息を吹きかけています。（今のうちだ。）そう思ったおにたは、ドアからそろりとうちの中に入りました。そして、天井のはりの上にネズミのように隠れました。部屋の真ん中に、薄いふとんが敷いてあります。寝ているのは、女の子のお母さんでした。女の子は、新しい雪で冷やしたタオルを、お母さんの額に乗せました。すると、お母さんが、熱でうるんだ目をうっすらと開けて言いました。「お腹がすいたでしょう？」女の子は、はっとしたように唇をかみました。でも、懸命に顔を横に振りました。そして、「いいえ。すいてないわ」と答えました。「あたし、さっき食べたの。あのねえ… あのねえ… お母さんが眠っているとき」と話し出しました。「知らない男の子が持ってきてくれたの。あったかい赤ご飯と、うぐいす豆よ。今日は節分でしょう。だから、ごちそう余ったって」お母さんはほっとしたようにうなずいて、またとろとろ眠ってしまいました。すると、女の子が、ふーっと長いため息をつきました。おにたはなぜか、背中がむずむずするようで、じっとしていられなくなりました。それで、こっそりはりをつたって、台所に行ってみました。台所は、かんからかんに乾いています。米粒一つありません。大根一切れありません。（あのちび、何も食べちゃいないんだ。）おにたはもう夢中で、台所の窓の破れたところから寒い外へ飛び出して行きました。それからしばらくして、入り口をとんとんと叩く音がします。（今頃、誰かしら？）女の子が出て行くと、雪まみれの麦わら帽子を深くかぶった男の子が立っていました。そして、ふきんをかけたお盆のようなものを差し出したのです。「節分だから、ごちそうが余ったんだ」おにたは一生懸命、さっき女の子が言った通りに言いました。女の子はびっくりしてもじもじしました。「あたしにくれるの？」そっとふきんをとると、温かそうな赤ご飯とうぐいす色の煮豆が湯気を立てています。女の子の顔が、ぱっと赤くなりました。そして、にこっと笑いました。女の子が箸を持ったまま、ふっと何か考え込んでいます。「どうしたの？」おにたが心配になって聞くと、「もう皆、豆まきすんだかな、と思ったの」と答えました。「あたしも豆まき、したいなあ」「なんだって？」おにたは飛び上がりました。「だって、オニがくれば、きっとお母さんの病気が悪くなるわ。」おにたは手をだらんと下げてふるふるっと悲しそうに身震いして言いました。「オニにだって、いろいろあるのに。オニにだっで‥」氷がとけたように、急におにたがいなくなりました。後には、あの麦わら帽子だけが、ぽつんと残っています。「変ねえ」女の子は立ち上がってあちこち探しました。そして、「この帽子忘れたわ」それを、ひょいと持ち上げました。「まあ、黒い豆！まだあったかい…」お母さんが目を覚まさないように、女の子はそっと豆をまきました。「福はうち、オニは外」麦わら帽子から黒い豆をまきながら、女の子は、（さっきのはきっと神様だわ。そうよ、神様よ。）と、考えました。（だから、お母さんだってもうすぐ良くなるわ。）ぱらばらばらばら。ぱらばらばらばら。とても静かな豆まきでした。【「おにたのぼうし」】

質問に合った答えを言っていると思う動物に○をつけてください。

①あなたはこの話を聞いてどう思いましたか。

ゾ　ウ：「人間いいな」
ウサギ：「人間ておかしいな。どうしてオニが悪いと決めつけているんだろう」
イ　ヌ：「人間て不思議だね」

②病気で寝ているお母さんが、女の子に「お腹が空いたんでしょ？」と言ったとき、女の子は「私、食べたの」と言ったのはどうしてでしょうか。

ゾ　ウ：「おにたに節分のご馳走をもらって食べたから」
ウサギ：「台所にあったご飯を１人で先に食べたから」
イ　ヌ：「食べてないけどお母さんに心配をかけたくなかったから」

③助けた女の子がオニが来ればお母さんの病気が悪くなるから豆まきをしたいと言ったとき、おにたはどんな気持ちだったでしょうか。
ゾ　ウ：「豆まきなんてつまらないという残念な気持ち」
ウサギ：「せっかくご馳走を持ってきてあげたのにという悔しくて怒る気持ち」
イ　ヌ：「オニだっていろいろあるのにというわかってもらえなくて切ない気持ち」
④「おにたのぼうし」の話を聞いて、あなたはおにたに何と言ってあげたいですか。
ゾ　ウ：「おにたはオニだから人間と仲良くするのは難しいと思うよ」
ウサギ：「おにたは優しいね。よいオニだとわかっているよ」
イ　ヌ：「おにたは恥ずかしがり屋だから、恥ずかしがらないようにすればいいと思うよ」

〈時 間〉　各15秒

〈解 答〉　①ウサギ　②イヌ　③イヌ　④ウサギ

学習のポイント

今回のお話の記憶の問題では、『おにたのぼうし』（著：あまんきみこ、絵：岩崎ちひろ）が使用されました。当校では長いお話が扱われています。長いお話だと集中力が切れて、しっかり記憶することが難しいと思います。このような場合、１つひとつの場面をイメージしながらお話を聞くと、登場してくる人物やその内容が記憶しやすくなります。場面をイメージしながらお話を聞くことで、お話の中で重要なポイント（事件や、それに関連した登場人物の心情など）がわかります。今回のお話でいうと、女の子が「豆まきをしたい」と言ったときのおにたの気持ち、などがその例でしょう。日頃の学習で、いきなりこれほど長いお話を繰り返すと、お子さまが読み聞かせに苦手意識を持ってしまうかもしれません。ですから、最初は短いお話から始めてみましょう。お話の長さを徐々に伸ばしていくことで、お子さまの記憶力や集中力も着実に身についていきます。

【おすすめ問題集】
１話５分の読み聞かせお話集①・②、お話の記憶 初級編・中級編・上級編、
Ｊｒ・ウォッチャー19「お話の記憶」

問題13　分野：行動観察

〈準 備〉　シール、折り紙、花紙、ハサミ（２つ）、のり（１つ）

〈問 題〉　（５人で１グループをつくる）
シールや紙を切ったり貼ったりして、虹の絵に飾り付けをしてください。

〈時 間〉　20分

〈解 答〉　省略

学習のポイント

本問では、人数分ない道具（ハサミ、のり）を、お友だちとどのように譲り合って使うかがポイントです。遠慮して、お友だちに道具を譲り続けたり、自分だけが使い続けることはよくありません。グループ全員が、平等かつ円滑に作業ができるよう、工夫して道具を使いましょう。このような課題で大切なことは、１人ひとりが、互いに配慮しあい、自由な制作をすることです。道具を借りたいときは「次借して」と声をかけ、借してと言われたときは快く貸してあげられるようにしましょう。また、チームワークやコミュニケーション力の他に、道具が正しく扱えているかもポイントになります。ハサミを人に渡すときは柄の方を相手に差し出せていますか。刃を閉じないまま放置していませんか。紙につけるのりは出しすぎていませんか。道具の扱い方にも意識を向け、落ち着いて制作ができるようにしましょう。

【おすすめ問題集】
Ｊｒ・ウォッチャー29「行動観察」

問題14　分野：運動

〈準 備〉　マット、ボール、的、踏切板、ビニールテープ

〈問 題〉　この問題の絵はありません。
①スタートの線から、ゴールの線まで、手だけを使って進む、アザラシ歩きをしてください。
②線の位置から、的をめがけてボールを投げてください。
③走り幅跳びをします。踏切板まで助走し、踏切板の上でジャンプして、マットに着地しましょう。

〈時 間〉　適宜

〈解 答〉　省略

学習のポイント

本校では３年ぶりに運動の試験が実施されました。注意したいのは、②のボールを使った課題です。お子さまがボールの扱いに苦手意識を持っている場合は、とにかくボールに触れる機会を増やしてください。ボールの扱いに慣れてきたら、距離に合わせて投げる力を調整するなどの１つ上の段階に進みましょう。運動の試験では、運動能力もさることながら、指示された通りに行動できているか、課題に意欲的に取り組んでいるか、自分以外のお友だちが試験を受けている間も集中力を持続できているかなどが観られています。お子さまの競技をする順番によって、緊張や集中力のピークは変わりますが、大切なことは、待ち時間も試験だと意識することです。

【おすすめ問題集】
新運動テスト問題集、Ｊｒ・ウォッチャー28「運動」

2022年度以前の入試問題

問題15　分野：数量（数える）

〈準 備〉　鉛筆

〈問 題〉　ウサギがじゃんけんをします。①にあるように、グーで勝つと1つ、チョキで勝つと2つ、パーで勝つと5つ進みます。負けると1つ戻ります。②にあるように5回じゃんけんをしたとき、ウサギはどこにいるでしょうか。③に○をつけてください。

〈時 間〉　各30秒

〈解 答〉　下図参照

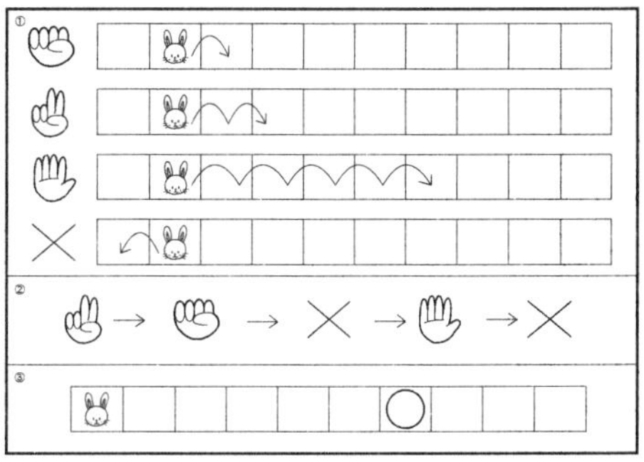

［2022年度出題］

学習のポイント

数は生活に密着したものでもあり、今までどれくらい数に触れてきたかで差が生じます。数を数えるときのポイントは、「正確に数えること」と「数え始める位置を間違えないこと」です。前者は、日頃から数を数える練習をすることで鍛えることができます。たとえば、ご飯の準備をする際に「コップを4つ出してくれる？」「お箸を人数分並べてくれる？」など、数え方の異なる作業をお子さまにお願いする方法があります。お箸は1人2本必要なので、人数とお箸の数は異なります。単に数えるだけではなく、正しい数を用意するためにお子さまは試行錯誤することができます。数えるときのスタートの位置で間違えたお子さまには、「今自分のいる位置の前後から数え始める」ということを伝えてあげてください。自分のいるマスはカウントしないとわかれば、同じ間違いを防ぐことができます。本問と似た法則の遊びに、双六や階段じゃんけんがあり、これらをすることも数える練習になります。

【おすすめ問題集】
　Ｊｒ・ウォッチャー14「数える」

問題16　分野：常識（理科）

〈準備〉　鉛筆

〈問題〉　**この問題の絵は縦に使用して下さい。**
正しい組み合わせを、上、真ん中、下につながるように線で結んでください。

〈時間〉　45秒

〈解答〉　下図参照

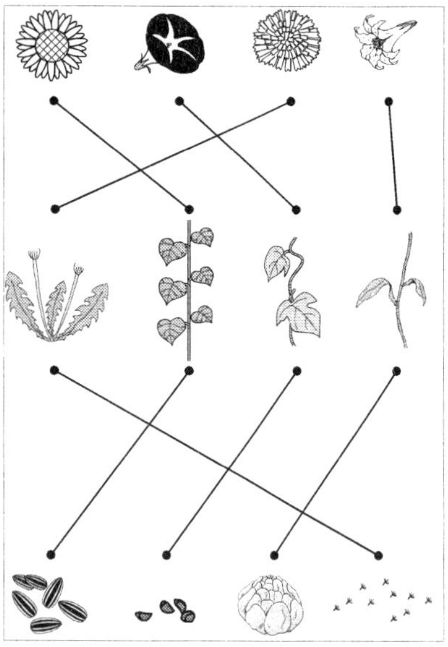

［2022年度出題］

学習のポイント

問題になっている花は、ヒマワリ、アサガオ、キク、ユリです。それぞれの花・茎・種（球根）を知っていることが望ましいですが、わからない選択肢があったからといって、解答することを諦めてはいけません。わかるものから線で結び、選択肢を減らしていけば、消去法で正解に辿り着けることもあります。このような理科の知識は、日頃から図鑑を読んだり、実際に花を観察することで少しずつ知識が増えていきます。アサガオなどは狭い範囲で育てることができる花ですので、種から育ててみるのもよいでしょう。毎日観察すれば、種から花になる成長過程の様子も学べます。また、他のポイントとして、はっきりした真っ直ぐな線を引けたかという点があります。薄かったり、引くのを躊躇したような曲がった線を書いてはいませんか。線からは、解答に対する自信の有無が見てとれます。保護者の方は、お子さまの書く線までチェックしてあげてください。

【おすすめ問題集】
Ｊｒ・ウォッチャー27「理科」、55「理科②」

問題17　分野：常識（理科）

〈準　備〉　鉛筆

〈問　題〉　水に浮かぶものに○をつけてください。

〈時　間〉　30秒

〈解　答〉　下図参照

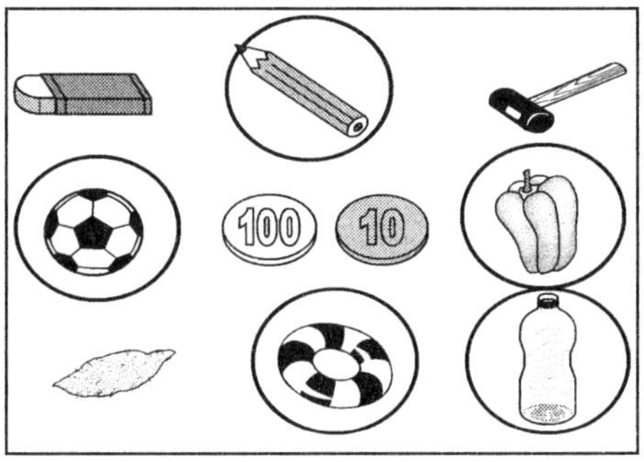

［2022年度出題］

学習のポイント

「軽そうだから」「重そうだから」で判断するのではなく、物の素材や特徴に注目して１つひとつ考えましょう。例えば、サッカーボールや浮き輪には「空気が入っている」という特徴があります。鉛筆は木と炭素でできていますが、木の中には微量の空気が含まれています。このように、浮く物・沈む物の素材や特徴を整理してみてください。そして、実際に実験をしてみることをおすすめいたします。お子さまと一緒に、水に浮くか沈むか、整理した情報をもとに予想を立て、予想と結果が違ったら、なぜなのか理由を考えてみましょう。浮き沈みの法則に当てはならない例外の物もあります。（例：糖度の高いトマトは水に沈む）思考と実験の繰り返しが、お子さまの好奇心や知識を高めます。

【おすすめ問題集】

Ｊｒ・ウォッチャー27「理科」、55「理科②」

家庭学習のコツ②　「家庭学習ガイド」はママの味方！

問題演習を始める前に、試験の概要をまとめた「家庭学習ガイド（本書カラーページに掲載）」を読みましょう。「家庭学習ガイド」には、応募者数や試験課目の詳細のほか、学習を進める上で重要な情報が掲載されています。それらの情報で入試の傾向をつかみ、学習の方針を立ててから、対策学習を始めてください。

問題18　分野：常識（日常生活）

〈準 備〉　鉛筆

〈問 題〉　牛からできるものに○をつけてください。
（イラストは、左上から時計回りに、豆腐、団子、バター、チーズ、牛乳、鏡餅、ポップコーン、ヨーグルト）

〈時 間〉　30秒

〈解 答〉　下図参照

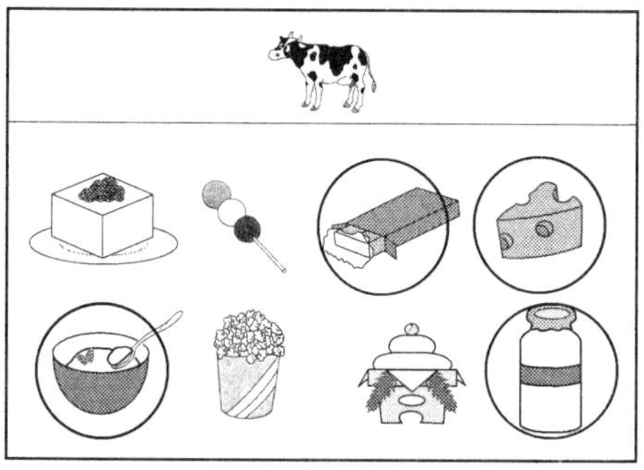

［2022年度出題］

学習のポイント

正解は、バター、チーズ、ヨーグルト、牛乳です。他にも乳製品には、アイスクリーム、生クリーム、乳酸菌飲料などがあります。私たちは、普段から加工されたいろいろな食品を摂取しています。食品の見た目が、加工前と加工後で大きく異なるものには注意が必要です。試験対策ではなく、一般常識を身につけるためにも、日頃からお子さまに「これは何からできていると思う？」とたくさん質問をしてみましょう。乳製品の他にも、大豆や肉、魚が原材料の加工品は多いです。また、加工品でなくとも、料理に使っている食材を尋ねてみるのも、お子さまの知識を増やすことに役立ちます。このように、日常生活の中に知識を得る機会はたくさんあります。保護者の方は、機会を逃さず、お子さまとたくさん会話することを心がけましょう。

【おすすめ問題集】
Ｊｒ・ウォッチャー12「日常生活」

問題19　分野：常識（日常生活）

〈準　備〉　鉛筆

〈問　題〉　正しい組み合わせを上、真ん中、下につながるように線で結んでください。

〈時　間〉　40秒

〈解　答〉　下図参照

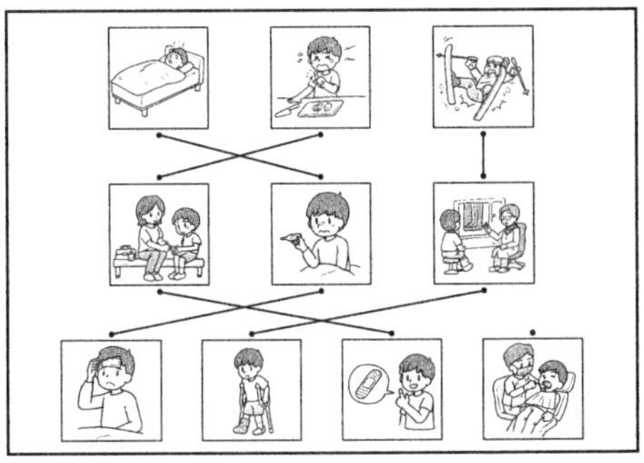

［2022年度出題］

学習のポイント

ケガや病気のときの適切な処置は、ご家庭で保護者の方が指導してあげてください。また、なぜそのような処置をするのかも併せて伝えるようにしましょう。知識があり、さらに実行ができるとなおよいでしょう。消毒、体温計、絆創膏などは、お子さま１人で使用できるよう、使い方を示し、実際にやらせることをおすすめいたします。このような、生活に活きる知識を持っている、かつ、行動できることは、小学校に入学してからも役に立ちます。昨今のコロナ禍の影響で、手洗いうがいや手指消毒などの感染症予防については、お子さまにとっても自然と行うものになっているでしょう。しかし、コロナ禍の厳重な健康管理や、外出機会の減少、人との交流の減少により、日常生活の軽度のケガに対する処置については意識を向ける機会が少なくなってしまいました。コロナ禍が終息しつつある現在、ケガに対する適切な処置が行えることは、再び求められるようになりつつあります。実生活に活きる知識を持っていること、かつ、実行できることは、小学校に入学してからも役に立ちます。常識を再確認するという意味でも、ご家庭で対処法を話し合うことをおすすめいたします。

【おすすめ問題集】
Ｊｒ・ウォッチャー12「日常生活」

問題20　分野：言語（様子を表す言葉）

〈準 備〉　鉛筆

〈問 題〉　「かける」という言葉ではないものに○をつけましょう。

〈時 間〉　30秒

〈解 答〉　下図参照

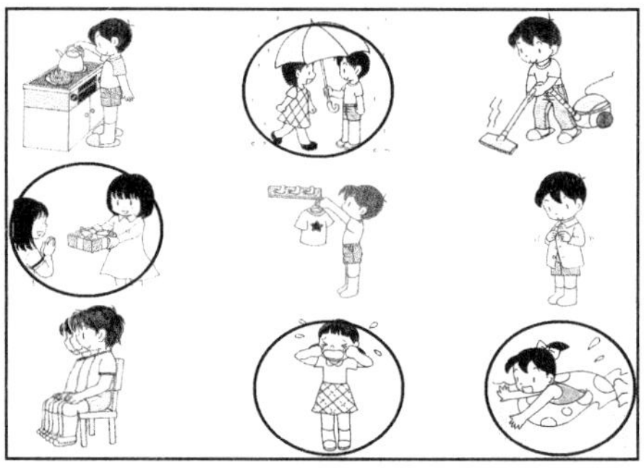

［2022年度出題］

学習のポイント

動作や擬音の言い方は、その動作を見たり、行いながら教えると覚えやすくなります。小学校受験で出題される動詞や擬音語は、いずれも生活の中で実際に使ったり、聞いたりすることのある馴染み深いものです。ご家庭でお子さまがお手伝いをする際、「ハンガーに服をかけて」「ドアをトントンノックしてごらん」というふうに、声かけをすると覚えやすくなるでしょう。また、同音異義語についても学習をしておきましょう。同じ「かける」でも「ハンガーに服をかける」「アイロンをかける」「水をかける」と、違う動作を示す場合があります。状況によって何を意味するか、お子さまに考えさせるのも、名前を覚えるひとつのきっかけになります。

【おすすめ問題集】
　Ｊｒ・ウォッチャー18「いろいろな言葉」

問題21　分野：お話の記憶

〈準 備〉　鉛筆

〈問 題〉　こんは、　赤ちゃんを待っていました。こんは、おばあちゃんに赤ちゃんのおもりを頼まれて、砂丘町から来たのです。「あああ……」こんは、あくびをしました。「ここにずうっと座っているのも、もうあきちゃった。砂丘町に帰りたいなあ。おばあちゃんに会いたいなあ」こんは、うとうと居眠りを始めました。こんは、広い砂丘の夢をみていました。
人の声がして、また静かになって、オルゴールの音が聞こえてきました。こんは目をさまして、びっくりしました。「ああ、赤ちゃんだ！赤ちゃんて、こんなに小っちゃくて、こんなにかわいいなんて知らなかったな」こんは嬉しくて、胸がどきどきしました。「あき」というのが、赤ちゃんの名前でした。あきは、ときどきこんの手をよだれでぬらしました。はいはいが上手にできるようになると、あきは、ときどきこんの上を通りました。それでもこんは、あきと遊ぶのが大好きでした。こんとあきは、いつも一緒に遊んで、あきはだんだん大きくなりました。ところがこんは、だんだん古くなりました。そして、とうとうある日、こんの腕がほころびてしまいました。「大丈夫、大丈夫」こんは、平気な顔で言いました。「砂丘町に帰って、おばあちゃんに直してもらってくる」こんは、すぐに出かけようとしました。「私も連れてって」あきは、慌てて旅行の支度をしました。

こんとあきは、駅にやって来ました。「この汽車に乗るんだ。あきちゃん、僕について来て」こんが先に汽車に乗りました。席に着く前に、汽車が動き出しました。「そこが僕たちの席だ」こんは、空いている席にぴょんと座って、「あきちゃん、窓のほうに座っていいよ。もうずうっと座っていれば大丈夫。自然に着くからね」と言いました。「ずうっと座ってて、お腹が空いたらどうする？」あきが聞きました。「大丈夫、大丈夫。次の駅に、美味しいお弁当を売っているからね」こんは、次の駅に着くとお弁当を買いに行きました。「私も行く」あきは、心配になって言いましたが、こんは、「あきちゃんは待ってて。５分間停車だから大丈夫」と走っていきました。お弁当屋さんの前には、人がたくさん並んでいました。こんは少し心配になりました。「あと３分しかないぞ」こんがなかなか帰ってこないので、あきは胸がどきどきしました。とうとうドアが閉まって、汽車が動き出してしまいました。ずっと待っても、こんは戻ってきませんでした。そこへ車掌さんが、切符を調べにやって来ました。車掌さんは、あきの話を聞いて言いました。「きつねくんなら、向こうのドアのところで見かけましたよ」

急いで行ってみると、ドアのところにこんが、お弁当を持って立っていました。こんは、あきの顔を見ると、「大丈夫、大丈夫。お弁当、まだ温かいよ」と言いました。こんはあわてて飛び乗ったとき、しっぽをドアに挟まれてしまったのです。

こんとあきが、お弁当を食べていると、車掌さんがやって来て、「おやおやどうしたんです。こんなところで！」と、びっくりしました。「別に、切符を持ってないわけじゃないんです。ちょっとしっぽを挟まれたもんですから」こんは、ポケットから切符を出しました。やっと次の駅で、ドアが開きました。でも、こんのしっぽは、真ん中がぺちゃんこになってしまいました。席に戻ると車掌さんが来て、こんのしっぽに包帯を巻いてくれました。「もう、ずうっと座っていようね」こんとあきは、ずうっと座って、窓の外を見ていました。ずうっと座っていると、とうとう砂丘駅に着きました。

「こっちがおばあちゃんち、そっちが砂丘」と、こんが教えました。「ちょっとだけ、砂丘に行ってみてもいい？」あきが聞きました。「うん。砂に、ちょっと足跡つけるだけなら」あきは、砂丘を見たのは、初めてでした。２人は、砂の上に足跡をつけました。「あれ？こん、この足跡は誰の？」「誰のだろう？」２人は、足跡について行きました。

すると突然、松林の中から、すたすたすたっと犬が出て来て、くんくんと、こんの匂いをかぎました。「あきちゃん、怖がらなくても大丈夫。僕がついているからね」こんが言ったとたん、「ぱく！」犬はこんをくわえて、たったったっと砂山を登って行ってしまいました。

あきは、犬の後を追いかけて、砂の山を登って行きました。うあっと、てっぺんまで登ると、海が見えて、波の音がしました。でも、犬の姿はどこにも見えませんでした。「こーーーん！」あきは呼んでみましたが、波の音ばかりで何も聞こえませんでした。あきは、犬の足跡を見ました。そして、砂の中に、何か埋まっているのを見つけました。あきは、急いで砂を掘りました。砂の中から、こんが現れました。あきは、こんを抱き上げて、「こん、大丈夫？」と聞きました。こんは、「大丈夫、大丈夫」と小さな声で言いました。「ほら、海が見えるよ」あきがいうと、こんはまた、「大丈夫、大丈夫」と言いました。

あきは、こんをおぶって、砂の山を降りました。「おばあちゃんのお家はどこにあるの？」あきが聞いても、こんは、小さい声で「大丈夫、大丈夫」と言うだけでした。

だんだん暗くなってきました。あきは、家が並んでいる方に急ぎました。すると、道の向こうに、あばあちゃんが立っているのを見つけました。「おばあちゃん、こんを直して！」あきが言うと、おばあちゃんは、「心配いらないよ、あきちゃん。よく来たね。さあ、うちへ入ろうね」と言いました。

「おやおや、手も足もぶらぶら。腕はほどけて、おまけにしっぽもぺちゃんこ」おばあちゃんは、こんのあちこちをよく調べて、しっかり縫い付けました。「さあ、これでよし。あとはしっぽだね。つぶれたしっぽには、お風呂が１番！」おばあちゃんが言ったとたん、「お風呂だって！嫌だ、嫌だ、お風呂なんか入ったことないもん」こんは、おばあちゃんの膝から飛び降りて逃げ出しました。

それでもおばあちゃんは、こんをつかまえて、お風呂に入れてしまいました。

「ああ、いい気持ち」とあきは言いました。「こん、初めてのお風呂はどんな気分？」おばあちゃんが聞くと、こんは、「砂の中より、ずうっといい」と言いました。
お風呂から上がってタオルで拭くと、こんのしっぽは元通り、立派なしっぽになっていました。おまけに、出来立てのように綺麗なきつねになりました。そして次の次の日、こんとあきは、うちへ帰りました。よかった！【「こんとあき」】

この問題の絵は縦に使用して下さい。

①こんとあきが乗っていた乗り物に○をつけてください。

②こんはなぜ「大丈夫、大丈夫」ばかり言ったのでしょうか。正しいことを言っている動物に○をつけてください。
クマ：「ただ大丈夫、大丈夫と言いたかっただけだと思うよ」
リス：「あきを心配させたくなかったからだと思うよ」
サル：「言うことがわからなかったからだと思うよ」

③こんは人形ですか。正しいことを言っている動物に○をつけてください。
クマ：「本物のきつねだと思うよ」
リス：「人形だと思おうよ」
サル：「色鉛筆だと思うよ」

④こんはどこに隠されていたでしょう。正しいことを言っている人に○をつけてください。
クマ：「海の中に隠されていたと思うよ」
リス：「おばあちゃんの家に言ったと思うよ」
サル：「砂の中に隠されていたと思うよ」

〈時 間〉　各15秒

〈解 答〉　①汽車　②リス　③リス　④サル

［2022年度出題］

学習のポイント

当校のお話の記憶の問題では、小学校受験としては比較的長いお話が扱われます。また、実在する絵本や物語を使用するので、お子さまが聞いたことのあるお話かもしれません。知っているお話が問題になった場合、どんなお話なのか思い出しやすい一方、聞いたことのあるお話だからと、解答を早とちりしてしまう可能性もあります。問題をよく聞いて答える習慣を身に付けておきましょう。このお話は、こんが赤ちゃんのあきと出会う場面、汽車、砂丘、おばあちゃんの家と、場面が次々に変わります。それぞれの場面をイメージしながら、お話を聞く練習をしてください。また、お話の中で起きた出来事だけでなく、登場人物の気持ちも問われます。こうした感情を想像するには、お話の中の登場人物と同じ視点に立つことが必要です。読み聞かせの途中で「今、この動物はどんな気持ちかな。考えてみよう」などと問いかけをして、お子さまの想像力を養いましょう。

【おすすめ問題集】
1話5分の読み聞かせお話集①・②、お話の記憶 初級編・中級編・上級編、

家庭学習のコツ③　効果的な学習方法～問題集を通読する

過去問題集を始めるにあたり、いきなり問題に取り組んではいませんか？　それでは本書を有効活用しているとは言えません。まず、保護者の方が、すべてを一通り読み、当校の傾向、ポイント、問題のアドバイスを頭に入れてください。そうすることにより、保護者の方の指導力がアップします。また、日常生活のさまざまなことから、保護者の方自身が「作問」することができるようになっていきます。

※問題を始める前に、巻頭の「本書ご使用方法」「本書ご使用にあたっての注意点」をご覧ください。

保護者の方は、別紙の「家庭学習ガイド」「合格ためのアドバイス」を先にお読みください。
当校の対策および学習を進めていく上で、役立つ内容です。ぜひ、ご覧ください。

〈雲雀丘学園小学校〉

2023年度の最新問題

問題22　分野：行動観察

〈準備〉　なし

〈問題〉　この問題の絵はありません。
目を閉じて椅子に座ってください。先生が「よい」と言うまで目を閉じて動かないでください。

〈時間〉　1分

〈解答〉　省略

学習のポイント

瞑想は、毎年出題されている試験です。お子さまがしっかりと指示を聞き、落ち着いた態度をとれているかが、評価に繋がります。瞑想ができない場合は大きな減点になります。当校は、毎日朝の授業前と下校前に瞑想の時間を設けています。背筋を伸ばして、手を膝の上に置き、脚を揃えたよい姿勢で瞑想をします。入学後も必要な習慣ですので、試験のために練習するのではなく、瞑想の本来の目的である「気持ちを落ち着け、気分を切り替える」ことを意識して取り組むようにしましょう。もし、お子さまが集中して取り組めていない場合は、保護者の方も一緒に瞑想をしてあげてください。周囲の様子は気にせず、自分自身に集中している姿をお手本として見せることが大切です。また、瞑想を家庭学習前のルーティンにすることもおすすめです。瞑想の試験対策にもなり、これから始まる学習に気持ちを向けることができます。習慣にすることで、お子さまも徐々に抵抗がなくなり、自然と取り組めるようになります。

【おすすめ問題集】
新口頭試問・個別テスト問題集

問題23　分野：口頭試問

〈準備〉　なし

〈問題〉　**この問題の絵はありません。**

（面接の前に、志願者と保護者で「福笑い」をする）

【志願者へ】

・「福笑い」は楽しかったですか。難しかったことはありますか。
・お勉強はしてきましたか。どんな勉強をしてきましたか。
・今日はここまでどうやって来ましたか。
・今日の朝ご飯、昼ご飯は何でしたか。
・仲の良いお友達の名前を教えてください。

【保護者へ】

・「福笑い」をしたように、子どもと遊ぶことはありますか。
・父と母の役割はありますか。
・子どもを叱ることと、褒めることのどちらがよいと思いますか。
・併願校はどこですか。（併願者にのみ質問）

【保護者アンケート】

・以下の場合、子ども、親、学校の誰に責任があると考えますか。

①下校中に寄り道をする
②宿題を忘れる
③お手伝いをしない
④朝、起きない
⑤お友だちと仲良くできない
⑥授業中に歩き回る
⑦学校に遅刻する
⑧食べ物の好き嫌いがある
⑨電車でのマナーが悪く、注意される
⑩先生が怖くて学校に行きたがらない
⑪授業についていけない
⑫親に口答えをする
⑬挨拶をしない
⑭お弁当を忘れて、昼食が食べられない
⑮言葉遣いが悪い
⑯謝らない
⑰学校からの手紙を親に出さない
⑱忘れ物が多い

〈時間〉　適宜

〈解答〉　省略

学習のポイント

2021年度入試から、親子面接が実施されるようになりました。また、2023年度から、専願・併願ともにペーパーテストがなくなり、試験をすべて口頭試問で行う形式になりました。お子さまについては、質問されたことに対して、丁寧にはっきりと答えられるようにしておきましょう。また、態度や振る舞い、言葉遣い、挨拶も評価に関わります。「ありがとうございます」「おはようございます」「さようなら」「お願いします」などの言葉が、自然に出てくるよう、保護者の方が日頃から指導してあげてください。そして、面接で最も観られているのは親子の関係性です。保護者がどうサポートしているのか、志願者は保護者を頼っていないかなど、課題を通じて普段の様子が観られることになります。親子間のコミュニケーションをしっかりとっておきましょう。

【おすすめ問題集】

新 小学校受験の入試面接Ｑ＆Ａ、面接テスト問題集、面接最強マニュアル

問題24　分野：数量（数える）口頭試問

〈準備〉　鉛筆

〈問題〉　お皿にドーナツがあります。男の子がいくつか食べました。食べた後のお皿を下の四角から選んで○をつけてください。どうしてそのお皿だと思ったのかも教えてください。

〈時間〉　30秒

〈解答〉　○：真ん中
理由の例：もともと、お皿に３個ドーナツがあり、食べたなら数が少なくなるからです。

学習のポイント

本問のポイントは、理由の説明の仕方です。「正解を導くまでの過程が正しいか」「丁寧な言葉遣いで説明できているか」この２点を観られています。説明することに慣れるために、保護者の方は、日頃から、お子さまが理由を述べる機会をたくさん用意してあげましょう。「夜になったらカーテンを閉めるのはどうしてだと思う？」「外から帰って来たら手洗いうがいをするのは何でかな？」など、何気なくしている動作１つひとつに、きちんと理由があることを改めて確認させてあげましょう。このときのポイントは、お子さまが自発的に取った行動に対して、なぜそうしたのか尋ねることです。保護者の方が取った行動についてではなく、お子さまが自分で考えて、実行したことに対して質問をしましょう。それによって、お子さまは自身の取った行動の理由を改めて確認でき、言語化しようとします。これを繰り返すことで、説明する力は養われます。

【おすすめ問題集】
Ｊｒ・ウォッチャー14「数える」

問題25　分野：行動観察

〈準備〉　コップ、ストロー

〈問題〉　**この問題の絵はありません。**
机の上に10本のストローがあります。その中から２本をコップに入れてください。

〈時間〉　30秒

〈解答〉　省略

学習のポイント

難易度は高くない問題のため、指示通りに作業できるお子さまは多いでしょう。本問では、作業の正確さの他に、指示に対する返事も重要です。「～してください」と言われたら「はい」と返事をする。作業が終わったら「できました」と完了したことを報告する。返事をしないと、指示した人は「聞こえていなかったのかな」「作業は終わったのかな」と心配や勘違いをしてしまうかもしれません。なにより、相手が自分に話しかけているのにきちんと反応しないことは失礼にあたります。口頭試問は、作業だけでなく、コミュニケーション力や態度も観られていることを意識しましょう。

【おすすめ問題集】
新口頭試問・個別テスト問題集

問題26　分野：言語（言葉の音）／口頭試問

〈準備〉　中身の見えない箱、セロテープ、毛糸、保冷剤、ざらざらの紙

〈問題〉　この問題は絵を参考にしてください。
（箱の中に準備した物のうち１つを入れておく）
箱の中に手を入れて、中にある物の感触を答えてください。

〈時間〉　30秒

〈解答〉　省略

学習のポイント

箱の中に入っているものと、自分が想像したものが違っていても問題ありません。このような問題では、「感触をオノマトペで表現できるか」「丁寧な言葉遣いで回答できるか」がポイントになります。セロテープならベタベタ、毛糸ならフワフワ、保冷剤（常温の場合）ならグニュグニュなど、感触を表現する言葉を広く知っている必要があります。このような表現力を養うには、普段からの読み聞かせはもちろんのこと、生活体験を通した学習が欠かせません。昨今、コロナ禍の影響により、生活体験を積むことが難しくなっています。普段の生活の中で、遊びやお手伝いを通して得ることができる学びの機会を逃さないよう、意識をしておくとよいでしょう。また、上述したように、あくまで試験であるということを忘れないようにしましょう。試験官の先生は、友達ではありません。適切な言葉を使い、受け答えができるよう、練習しておきましょう。

【おすすめ問題集】
Ｊｒ・ウォッチャー60「言葉の音（おん）」

問題27　分野：言語（しりとり）／行動観察

〈準備〉　なし

〈問題〉　（事前に27の絵を切り取り、机の上に並べておく）
上の四角の絵から始めて、できるだけたくさんのしりとりができるようにカードを並べてください。

〈時間〉　１分

〈解答〉　下図参照

学習のポイント

カードに描かれているものの名前を知っているかがポイントです。絵を見ると、同じ頭文字のものはスズメとスリッパの２つのみです。ですから、名前さえ知っていれば、しりとりをすることは難しくないと思います。語彙数は、日頃の生活体験が大きく関わってきます。本問と同じく、しりとりをしたり、図鑑を読んだり、絵本の読み聞かせをすることなどが、語彙を増やす有効な方法です。語彙は、馴染みのない難しいものを教えるのではなく、あくまでも日常生活で自然と習得できるものを学習していきましょう。小学校入試では、生活体験が重要になります。日常生活の中にたくさんある学びの機会を、逃さないようにしましょう。

【おすすめ問題集】
Ｊｒ・ウォッチャー17「言葉の音遊び」、18「いろいろな言葉」
60「言葉の音（おん）」

問題28　分野：図形（パズル）／行動観察

〈準備〉　なし

〈問題〉　この問題の絵は縦に使用して下さい。
（事前に28の絵を切り取り、机の上に並べておく）
下の四角の中にある、すべてのパズルを組み合わせて、上の四角の中にある見本と同じ形を作りなさい。

〈時間〉　２分

〈解答〉　省略

学習のポイント

組み合わせのパターンはいくつかあるので、諦めずに、集中して取り組みましょう。凹凸のあるピース同士の組み合わせが少し難しいかもしれませんが、手を動かしながら組み方を試してみると、どのピース同士が組み合わさるかがわかってきます。そして、凹凸のあるピースを組むときは、常に完成の図形を意識しましょう。パズルの問題に慣れるためには、同じ問題でも組み合わせ方を変えて作ってみることをおすすめいたします。手を使った作業ができるようになったら、頭の中だけでパズルを完成させることにも挑戦してみましょう。パズルの問題に苦手意識を持たれているお子さまには、最初のうちは、絵が描かれたパズルに取り組むことをおすすめいたします。ピースの凹凸の他に、絵が情報としてありますから、組み合わせがやりやすいです。慣れてきたら、絵のないパズルに挑戦し、凹凸だけの情報でパズルを考えてみましょう。

【おすすめ問題集】
Ｊｒ・ウォッチャー3「パズル」

問題29　分野：行動観察

〈準 備〉　チャック付きのカバン、本、水筒、弁当箱

〈問 題〉　この問題の絵はありません。
机の上に置いてあるものをカバンの中に入れてチャックを閉めなさい。

〈時 間〉　1分

〈解 答〉　省略

学習のポイント

お片付けをすることに慣れているかが、この問題でわかります。形の異なる物をどのように工夫して入れているか、それぞれの物に合った適切な入れ方をしているかを保護者の方はチェックしてあげてください。例えば、水筒を横にして入れると、転がって安定しませんし、中身が漏れる可能性があります。それぞれの物の適切な扱い方を確認しておきましょう。また、「カバンのチャックを閉める」という指示があるため、できるだけカバンの中に余計な隙間を作らない必要があります。時間制限もありますから、慌てず、丁寧に取り組むことが大切です。日頃からお片づけをしていると、このような問題にも対処できますので、試験のためではなく、生活に必要な習慣として身に付けましょう。

【おすすめ問題集】
新口頭試問・個別テスト問題集

問題30　分野：巧緻性／行動観察

〈準備〉　箸、容器、小豆

〈問題〉　**この問題の絵はありません。**
小豆を箸でつまんで容器に入れてください。

〈時間〉　30秒

〈解答〉　省略

学習のポイント

小豆のような小さくて滑りやすいものを上手につまむには、日頃からお箸を使い慣れていること、正しい箸の持ち方ができていることがポイントです。ご家庭でお箸を使用する頻度はどれくらいでしょうか。箸使いは、お箸を使う頻度が高いほど上達します。また、お箸の持ち方は正しいですか。正しい箸使いは、もののつまみやすさという機能性の他に、お子さまの品格にも関わります。箸使いは、食事をする際の重要なマナーの１つです。
自分も周囲の人も気持ちよく食事ができるよう、美しい所作を心がけましょう。お子さまは、箸使いを始め、さまざまなマナーを、基本的に保護者の方から学びます。ご家庭で正しい指導をしているかが、この試験の様子から推測できます。保護者の方は、外に出ても恥ずかしくない行動を、積極的にお子さまに示しましょう。そして、小学校入試はお子さまだけでなく、保護者の方も、日常生活の自然な習慣が大きく影響することをしっかり意識しておきましょう。

【おすすめ問題集】
実践　ゆびさきトレーニング①・②・③

問題31　分野：数量（数える）／行動観察

〈準備〉　鉛筆

〈問題〉　ウサギが持っている△と同じ数の△がある箱はどれですか。○をつけてください。

〈時間〉　１分

〈解答〉　下図参照

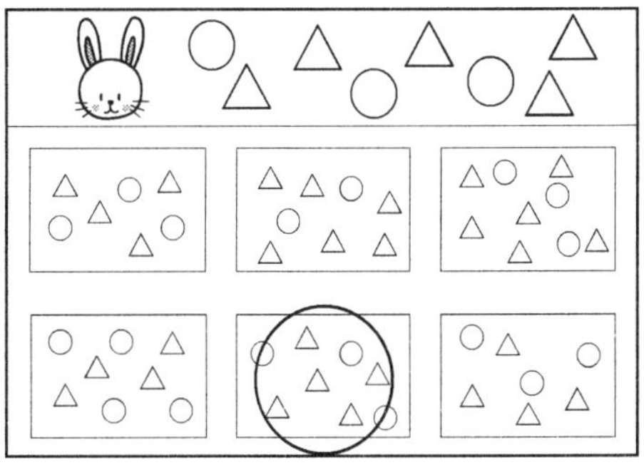

学習のポイント

本問の内容を細かく分けると「それぞれの絵の△の数を数える」「比較し、正解を見つける」という作業に分けることができます。この２つの作業の中で、最初の「数を数える」作業で最もミスが発生しやすくなります。原因としては、「重複して数える」「数え忘れ」が挙げられます。これらのミスを防ぐ方法は２つあります。１つは数える順番（方向）を一定にすること。もう１つは数えたものに小さなチェックを入れることです。できれば、この２つの方法を併用すると、重複して数えることや数え忘れは減ります。ただし、後者の方法では、注意点があります。後者の場合、チェックした印を大きくつけてしまうと、解答記号を間違えたと判断される可能性があります。ですから、チェックは小さく端につけるようにしましょう。保護者の方がこのようなことにも意識を向けることで、お子さまの正答率は上がります。

【おすすめ問題集】

Ｊｒ・ウォッチャー14「数える」、15「比較」

問題32　分野：図形（系列）／行動観察

〈準備〉　鉛筆

〈問題〉　白い四角に入る模様は何ですか。右の四角から○をつけてください。

〈時間〉　１分

〈解答〉　下図参照

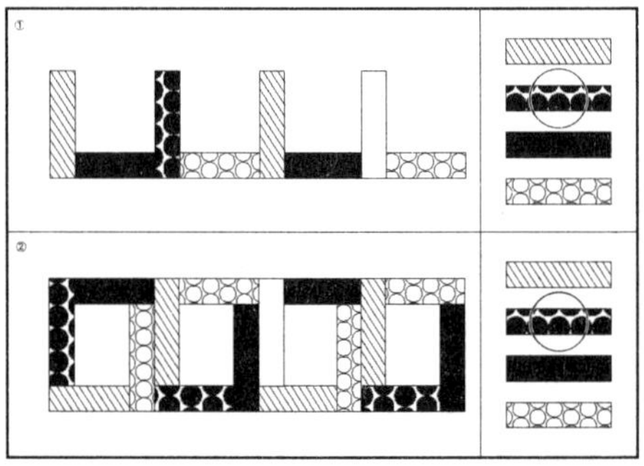

学習のポイント

図形の模様をよく見ると、規則に従って並んでいます。このような問題は解き方が２つあります。１つ目は、図形をパーツに分解して、部分を見る方法です。①では四角を２つずつの４つのグループにわけて考えます。L字の図形を４つ作り、白い四角と同じグループのもう１つの四角の模様を見ます。模様は白ドットなので、残りの３グループの中から白ドットの四角を探し、それと同じグループのもう１つの四角の模様が、白い四角に対応する模様になります。２つ目は、図形を分解せず、模様の数で考える方法です。②では四角が全部で16個あり、分解するとかえってやりにくくなります。そこで、同じ模様の四角が何個ずつあるかを数えていきます。黒色、白ドット、斜線模様の図形は４つずつありますが、黒ドット模様の四角は３つしかないので、答えだとわかります。ただし、この方法は、同じ模様の四角がそれぞれ同じ数だけあるときに有効な解き方です。問題によって、規則性が異なりますので、それぞれに適した解き方で取り組めるよう、練習しましょう。

【おすすめ問題集】
Ｊｒ・ウォッチャー６「系列」

問題33　分野：制作

〈準備〉　円錐形のマグネット６個、マグネットがつく板１枚

〈問題〉　この問題は絵を参考にしてください。
板に円錐形のマグネットがついている。裏返して置いたときに、板が倒れないようにマグネットを２個取り外してください。

〈時間〉　２分

〈解答〉　省略

学習のポイント

「マグネットがどのように配置されていたらバランスがとれるか」と難しく質問されていますが、机の構造を聞かれているのと同じです。６個のマグネットを４個に減らしても、机の脚と同じように配置すれば、板は倒れません。一見難しく見える問題でも、日常生活の中で、お子さまが触れている・知っているものに関連しているものがほとんどです。また、本問では、机の脚が円錐形のため、倒れないために４本必要でしたが、円錐形以外だった場合は、形によって３本、２本、１本でも倒れず支えることができるでしょう。そして、支柱の数が変われば、支柱の位置も変わります。このように、ものがバランスをとるには、その形と位置がポイントになります。厳密には、重さや素材も関係してきますが、重要なことは、「バランスがとれている状態」がわかることです。普段の生活の中に、解答に繋がるヒントがありますから、落ち着いて、自分の知識を活かせるようにしましょう。

【おすすめ問題集】
Ｊｒ・ウォッチャー12「日常生活」、実践　ゆびさきトレーニング①・②・③

問題34　分野：口頭試問

〈準備〉　なし

〈問題〉　【お話づくり】
（問題34-１の絵を渡す）
絵を見てお話を作ってください。
（問題34-２の絵を渡す）
男の子が学校の前に来ると、同じクラスの女の子のお母さんがいました。お母さんは女の子の忘れ物を届けに来たそうです。男の子は何と言いましたか。
（お子さまが答えたら）なぜ、そう言ったと思ったのですか。

〈時間〉　各３分

〈解答〉　省略

学習のポイント

①はスケートボードに乗っている男の子が、写真撮影を邪魔している場面です。お話作りでは、その場面で描かれている事実と、登場人物の気持ちが述べられるのがベストです。状況の説明と登場人物の心情が語られる絵本や小説と同じように、自分が作家になったつもりで、想像力を働かせてお話を作りましょう。②も同様に、場面の状況を理解することと、登場人物の気持ちを推測することから始めます。絵を見ると、お母さんの表情が大変そうです。雨の中、小さい子どもを抱いて、忘れ物を届けに来たからだと推測できます。このように、大変だったり、困っている人を見かけたときは、手伝ってあげる気持ちが欲しいです。「私が変わりに荷物を届けましょうか」と一声かけるだけで、お母さんはとても嬉しい気持ちになるでしょう。保護者の方は、お子さまに、相手の立場になって物事を考える機会を与えてあげるようにしましょう。

【おすすめ問題集】
Ｊｒ・ウォッチャー21「お話作り」

問題35　分野：行動観察

〈準備〉　輪を作る縄、紙コップ数個、箸、カゴ

〈問題〉　**この問題は絵を参考にしてください。**
輪の中に置いてある紙コップをカゴまで運びます。輪からカゴまでチームで１列に並び、隣の子に紙コップを渡していきます。紙コップは箸で掴んで渡します。手で直接触ってはいけません。時間内に１番多くの紙コップをカゴの中に入れたチームの勝ちです。
※並ぶ順番はチーム全員で話し合って決める。

〈時間〉　適宜

〈解答〉　省略

学習のポイント

小豆をつまむ試験同様、箸使いに慣れていることや、正しい持ち方ができていることは必須です。本問では、小豆よりつまみやすい紙コップを使いますが、チーム戦になるので、チームのお友だちとコミュニケーションを取り、協力して作業することが求められます。チーム戦ですが、勝負を意識し過ぎることはよくありません。同じチームに、お箸を使うのが苦手なお友だちがいても、焦らず、ポジティブな声かけができるようにしましょう。また、ゲームに集中し過ぎて、お箸を危険に扱わないように気をつけましょう。お箸を振り回したり、人をお箸で指したりする行為は、危険かつ失礼な振る舞いにあたります。安全で丁寧な箸使いにも気を配りましょう。勝ち負けではなく、チームでよい雰囲気が作れているか、難しくても、諦めず最後まで取り組めているかを評価されています。

【おすすめ問題集】
実践　ゆびさきトレーニング①・②・③

問題36　分野：運動

〈準　備〉　縄跳び用の縄

〈問　題〉　この問題の絵はありません。
先生が「やめ」と言うまで縄を使って前跳びをしてください。

〈時　間〉　適宜

〈解　答〉　省略

学習のポイント

瞑想や箸使い同様、毎年出題されている試験です。連続で何十回も跳べる必要はありませんが、ある程度の回数は引っかからずに跳べるよう、練習しておきましょう。合図があるまでは跳び続けないといけないので、集中力も必要になります。1、2分間はもくもくと取り組めることが望ましいです。練習する際は、ぜひ本問と同じお子さまに時間を伝えない形式でやることをおすすめいたします。集中が早めに切れてしまうお子さまには、「〇〇回跳んでみよう」と回数に意識を向けさせ、時間の経過を気にさせないという方法もあります。縄跳びは一朝一夕にできるものではありません。日頃から、継続して練習することで跳べる回数は増えます。事前にどれだけ練習をして準備してきたのか、その努力量がお子さまの様子から推測できます。

【おすすめ問題集】
新運動テスト問題集、Ｊｒ・ウォッチャー28「運動」

問題37　分野：絵制作

〈準 備〉　クーピーペン

〈問 題〉　（問題37－１の絵を渡す）
上の四角に描かれてあるクジラを、黒色のクーピーで同じように描いてください。
（問題37－２の絵を渡す）
クジラに好きな色を塗ってください。

〈時 間〉　適宜

〈解 答〉　省略

学習のポイント

模写は正確さを意識して取り組みましょう。出題されるお手本の絵は、そこまで複雑ではありません。線の本数は合っているか、細かい部分も描けているか、余計なものは付け足していないか、お子さまの絵をチェックしてあげてください。丁寧に描きすぎて、時間がかかりすぎてしまうことにも注意してください。塗り絵では、子どもらしい、自由でのびのびとした色使いをしましょう。本物のクジラと同じ色に塗る必要はありません。正しい配色よりも、お子さま自身が楽しい配色をした絵からは、その子の個性や作業をしているときの気分が表現されます。

【おすすめ問題集】
Ｊｒ・ウォッチャー22「想像画」、24「絵画」

2022年度の入試問題

問題38 分野：推理（推理思考）／口頭試問

〈準 備〉 なし

〈問 題〉 （問題38－1に描かれてある通りに、38－2の絵を折りたたんだ状態にしておく）
【お話づくり】
（折りたたんだ状態の問題38－2の絵を見せる）
①の絵から③の絵のようになりました。この間に、どんなことがあったと思いますか。
（お子さまが答えたら、折りたたんでいた紙を広げて見せる）

〈時 間〉 1分

〈解 答〉 省略

［2022年度出題］

学習のポイント

①では、男の子はおもちゃのボールや船が浮かんだお風呂に入っています。③では、おもちゃが浴槽の外にあり、お湯も少し減っています。このことから、①と③の間に、お湯が溢れておもちゃも一緒に流れてしまう出来事があったと推測できます。お湯があふれる理由としては、「男の子がお風呂で遊んだから」「男の子以外の人がお風呂に入ったから」などが考えられます。正解は「お父さんがお風呂に入った絵」でしたが、①と③に繋がる場面なら、他の回答でも構いません。ただし、先ほど「男の子がお風呂で遊んだから」という理由も考えられると申しましたが、これはあまりベストな解答ではありません。場面は繋がりますが、お風呂でお湯がたくさん溢れるほど激しく遊ぶことは危険ですし、マナーがなっていないと判断されかねません。完全に誤りではないですが、模範的な行動かどうかも考慮して答えましょう。

【おすすめ問題集】
Ｊｒ・ウォッチャー21「お話作り」

問題39　分野：口頭試問

〈準備〉　なし

〈問題〉　**この問題の絵はありません。**

（面接の前に、志願者と保護者で「ポカポンゲーム」をする）

【志願者へ】

・昨日の夜ご飯は何を食べましたか。
・お母さんが料理するときにどんなお手伝いをしますか。その真似をしてください。
・ご飯を食べるときにどんなことで怒られますか。怒ったお母さんの真似をしてください。
・お母さんの好きなことは何ですか。

【保護者へ】

・「ポカポンゲーム」をしたように、子どもと遊ぶことはありますか。
・子どもが小学校５年生になったと仮定して、「塾に行きたい」と言い出したらどうしますか。
・塾に行くことで、学校の宿題ができなくなったらどうしますか。
・塾に行くことで、経済的負担がかかることについてどう思いますか。
・子どもが他の子と比べて、塾の点数の優劣を言い出したらどうしますか。
・併願校はどこですか。（併願者にのみ質問）

【保護者アンケート】

・家庭での指導と、学校での指導の区別についてどのように考えますか。
・「授業料を払えばお客」という考え方についてどう思いますか。

〈時間〉　適宜

〈解答〉　省略

［2022年度出題］

学習のポイント

当校は2021年度より、両親参加が必須の親子面接を実施しています。面接の前にはアンケート記入もありますが、両親で同じことを書かなくても問題はありません。大切なことは、お子さまのことをしっかりと考えているか、当校の考え方を理解しているかという点です。よく聞かれる質問としては、説明会の印象についてなどがあります。それに参加して、何を見て期待に沿う学校だと感じたのか、ご家庭の教育方針と絡めて答えられるようにしておきましょう。それ以外の質問では、ご家庭での生活の様子、子育てについての考え方、学校生活に対する保護者の協力姿勢などが問われました。特に、学校生活への協力は、日常の連絡や宿題、学校行事への参加や補助、非常時の保護者による送迎など、さまざまな場面が想定された質問があります。ご家庭の状況を踏まえてどのような協力ができるのかを具体的に答えられるように準備しておいてください。また、面接時間に余裕ができると、モニターにイラストが流れ、「そのときどうしますか？」という対応を求める質問もされるそうです。例をあげると、「姉の誕生日ケーキのろうそくの火を消そうとする弟の口を姉が押さえている」などです。

【おすすめ問題集】

新 小学校受験の入試面接Ｑ＆Ａ、保護者のための面接最強マニュアル

問題40　分野：常識（マナーとルール）／口頭試問

〈準　備〉　鉛筆

〈問　題〉　悪いことをしている人に○をつけてください。理由も教えてください。

〈時　間〉　30秒

〈解　答〉　下図参照

［2022年度出題］

学習のポイント

鉄棒の本来の使い方ができていないことで、危険なだけでなく、他の子の迷惑にもなっています。公園や電車などの公共の場を利用する際のマナーやルールをお子さまはどれくらい知っていますか。ここ数年、コロナ禍の生活を余儀なくされたお子さまは、外出や人と交流する機会が減ったと思います。このことは、公共の場での体験活動が少ないということでもあり、近年、常識問題は入試において差がつきやすい分野の１つとなっています。答え合わせをする前に、問題に描かれている人、１人ひとりについて、よいのか悪いのかを確認し、悪い場合は、どのようにすればよいのかまで確認することをおすすめします。また、「このような人を見かけたらどうする？」と質問すれば、面接対策にもなりますので、取り入れてみてはいかがでしょう。公共マナーについては、実際にその場に行き、その場で説明することをおすすめします。実際に体験することで、言葉で教わる以上のことを得ることができると思います。例えば、電車に乗る際、乗車マナーを確認したり、降車後は乗車するときに確認したことができたかを話し合うこともおすすめです。このような機会を多くするため、移動の際は自家用車の利用を控え、公共交通機関を利用することをおすすめします。

【おすすめ問題集】

Ｊｒ・ウォッチャー12「日常生活」、56「マナーとルール」

問題41　分野：数量（数える）／行動観察

〈準 備〉　鉛筆

〈問 題〉　（事前に41の絵を切り取り、机の上に並べておく）
①ライオンのお皿にリンゴを１つ置いてください。
②５つのリンゴを、ライオンとウサギに分けてください。
③もう１つリンゴを増やすと、どう分けられますか。

〈時 間〉　適宜

〈解 答〉　①②省略　③例：「ライオンとウサギに３つずつ分けられます」

［2022年度出題］

学習のポイント

まず、②で少し悩むかもしれません。５つのリンゴを２人に分ける場合、１人が３つ、もう１人が２つになり、平等に分けることができません。そこで、③のように聞かれます。リンゴが６つになると、１人に３つずつ同じ数だけ分けることができます。答え方はさまざまですが、「〇個ずつ」「同じ数だけ」というキーワードを使えるとよいでしょう。割り算の初歩のような問題ですが、本問のように段階的に考えていくことで、数の分配にスムーズに取り組むことができます。また、本問では数の分配の他に、お子さまの状況に応じた判断力や対応力が観られています。小学校に入学すると、お友だちと交流する機会が増え、さまざまな状況に遭遇します。そこで問題が発生したとき、何を重視し、どのように解決するかが求められます。自ら考え、行動する習慣を身につけることができるよう、保護者の方はサポートしてあげてください。

【おすすめ問題集】
Ｊｒ・ウォッチャー14「数える」

問題42　分野：知識（理科）／口頭試問

〈準 備〉　やじろべえ

〈問 題〉　**この問題の絵はありません。**
（揺れているやじろべえを見せられる）
このやじろべえはなぜ落ちないと思いますか。

〈時 間〉　１分

〈解 答〉　省略

［2022年度出題］

学習のポイント

やじろべえが落ちない仕組みは、重心（物体のバランスがとれる点）が支点の真下にあるからです。しかし、このような厳密な解答ができなくても問題ないです。重要なことは、やじろべえが落ちない理由をしっかりと考え、自分の言葉で相手に伝えることです。やじろべえの重心の位置ですが、なぜ支点の真下にあるかといいますと、左右の重りの重さと、支点からの距離が等しいためです。シーソーも同じ仕組みを利用しています。シーソーの中心から左右の距離は等しく、同じ体重の人同士が乗ったら、地面と平行に静止します。このように、お子さまのよく知っている、身近なものや事象と関連付けながら、理由を考える方法をおすすめいたします。

【おすすめ問題集】
Ｊｒ・ウォッチャー27「理科」、55「理科②」

問題43　分野：推理（推理思考）／口頭試問

〈準備〉　小さなボール、道の形をしたブロック模型（本問は絵で代用）

〈問題〉　（問題43-１の絵を見せる）
色がついた道にボールが転がってきたとき、上からボールが来ると下に、横からボールが来ると横に進みます。
（問題43-２の絵を見せる）
このように転がすと、ボールはどこに転がっていきますか。理由も教えてください。
（問題43-３の絵を見せる）
このように転がすと、ボールはどこに転がっていきますか。
（問題43-４の絵を見せる）
このように転がすと、ボールはどこに転がっていきますか。
（問題43-５の絵を見せる）
このように転がすと、ボールはどこに転がっていきますか。

〈時間〉　各30秒

〈解答〉　下図参照

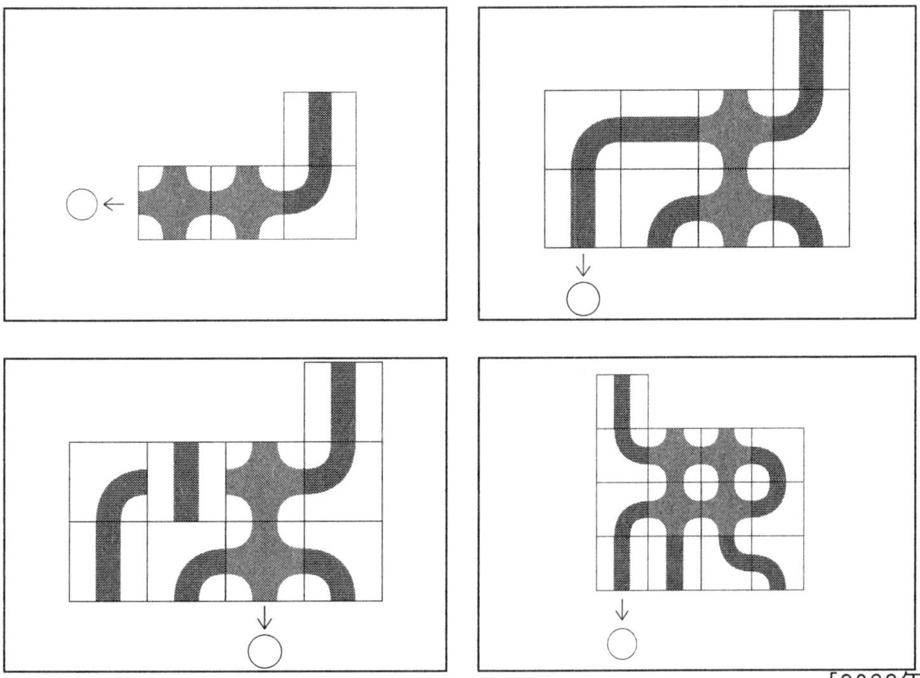

［2022年度出題］

学習のポイント

実際の試験では、最初に模型を使ってお手本を見せられます。それをもとに、質問に口頭で答え、答えが合っているか、模型を使って確かめます。本問のポイントはボールの転がり方の規則性を理解し、いろいろな道順の問題に応用することです。出入口が４箇所ある道を通るとき、ボールは上から下へ、横から横へと動きます。上から横や、横から下など、道の途中で方向転換することはありません。この規則性をしっかりと抑えておくことが重要です。43-４では、横から横へボールが転がる道が途切れています。このようなときはボールは横に行けず、下に落ちていきます。間違ってしまったお子さまには、「ボールの転がり方のルールは何だった？」と質問し、規則性を一緒に確認してあげてください。

【おすすめ問題集】
Ｊｒ・ウォッチャー31「推理思考」

問題44　分野：常識（日常生活）／口頭試問

〈準　備〉　鉛筆

〈問　題〉　男の子の膝から血が出ています。右の四角にあるどの道具を使って手当しますか。使うものすべてに○をしてください。

〈時　間〉　30秒

〈解　答〉　○：絆創膏、消毒液

［2022年度出題］

学習のポイント

実際の試験では、切り傷のある人形に対して、道具を自由に使って手当をしました。消毒をしたり、絆創膏を貼ることはできるようにしておきましょう。また、ケガや病気によって、どのような手当をするかも、ご家庭で指導してあげてください。熱が出たら体温計で体温を計る、火傷をしたら患部を冷却するなど、「病院に行く」よりも前に、自分でできる処置があります。さまざまな応急処置を、それを行う理由も併せて、お子さまに伝えてあげてください。このような生活の中で自然と身に付く常識は、小学校入試では頻出問題です。お子さまが普段から、日常生活でどれくらい情報を集め、学んでいるか、また、保護者の方がその機会をどれくらい敏感にキャッチし、提供しているかが影響します。社会生活で必要な常識がどういうものなのか、意識して生活をしましょう。

【おすすめ問題集】
Ｊｒ・ウォッチャー12「日常生活」

問題45　分野：巧緻性

〈準備〉　スモック、ポロシャツ

〈問題〉　**この問題の絵はありません。**
服をたたんでください。

〈時間〉　３分

〈解答〉　省略

［2022年度出題］

学習のポイント

このような問題では、お子さまの物の扱い方や、普段から家でお手伝いをしているかなどが表れます。普段、幼稚園（保育園）で使ったスモックやハンカチを畳まずにカバンに入れて、持ち帰ってはいませんか。布の形に合ったいろいろな畳み方ができますか。畳むということは、整理整頓や物を長持ちさせることに繋がります。スモックやポロシャツは、裾が広がっていたり、襟の部分が硬いので、どのように畳むと美しい見た目になるか、工夫して取り組みましょう。また、保護者の方は、お子さまにものを畳む機会をたくさん提供してあげてください。畳むということは一朝一夕にできることではありません。手の動かし方や畳むスピードから、慣れているか否かは判断できます。回数を重ねることで必ず上達しますから、生活の一部として指導してあげましょう。

【おすすめ問題集】
実践　ゆびさきトレーニング①・②・③

問題46　分野：記憶（お話の記憶）

〈準備〉　鉛筆

〈問題〉　タロウくんが朝起きると、いい匂いがしてきました。顔を洗ってから食卓につくと、ご飯と味噌汁と焼き魚、それに卵焼きが並んでいました。今日はおばあちゃんの80歳の誕生日なので、家族みんなで朝ご飯を食べながら、おばあちゃんへのプレゼントを考えていました。お母さんとお兄さんとお姉さんは帽子をプレゼントすることになり、タロウくんはお父さんと相談して赤いお箸をプレゼントすることに決めました。早速、みんなでデパートへ行くことにしました。電車に乗って外の景色を見ていると、河川敷で野球をしている人たちや、キレイなひまわり畑が見えました。お花畑を見て、タロウくんはおばあちゃんに花束も持っていってあげようと思いました。デパートに着いて、おばあちゃんへのプレゼントと花束を買った後、お昼ご飯を食べにレストランへ入りました。タロウくんはハンバーグ、お姉さんとお兄さんはスパゲッティを食べました。レストランを出て、タクシーに乗っておばあちゃんの家に向かいました。おばあちゃんの家に着いて、早速プレゼントを渡すと、おばあちゃんはとても喜んでくれました。それからみんなでトランプをしたり、ケーキを食べたりして、とても楽しい１日になりました。

この問題の絵は縦に使用して下さい。

①朝ご飯に出てきたものに○をつけてください。
②タロウくんは誰と相談してプレゼントを決めましたか。その人に○をつけてください。
③おばあちゃんにプレゼントしたものに○をつけましょう。
④このお話の季節に見られるものに○をつけましょう。

〈時間〉　各20秒

〈解答〉　下図参照

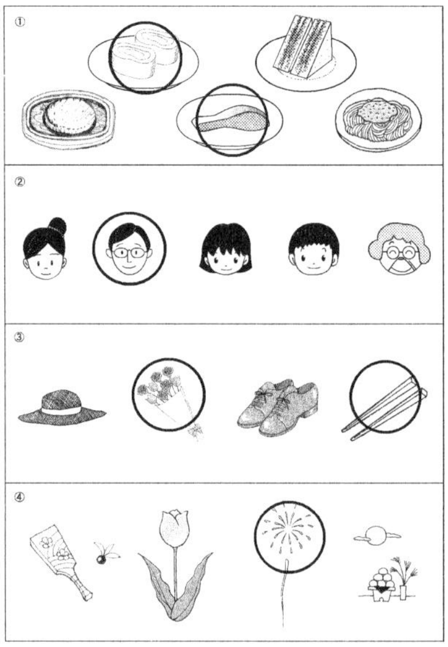

［2022年度出題］

学習のポイント

短いお話ですが、問題は登場人物の行動や、出来事が起こった順番など、細かいところまで聞かれます。こうした問題に答えるには、日頃の読み聞かせを重ねることが有効です。また、日常的なお話は、生活の中でそのお話と同じことをしたことがあると、より理解しやすくなります。机の上での学習だけでなく、外で遊ぶことや、家族で出かけることも積極的に行って、幅広い経験を積み上げていきましょう。そのようにして、さまざまなお話に触れていくと、お話の情景を思い浮かべられるようになります。情景を思い浮かべることは、さまざまなお話の記憶の問題に応用できますから、ぜひ身に付けておいてください。

【おすすめ問題集】
1話5分の読み聞かせお話集①・②、お話の記憶 初級編・中級編・上級編、
Ｊｒ・ウォッチャー19「お話の記憶」

問題47　分野：知識（理科）

〈準 備〉　鉛筆

〈問 題〉　左の食べ物はどの動物から作られていますか。線をつなぎましょう。

〈時 間〉　30秒

〈解 答〉　下図参照

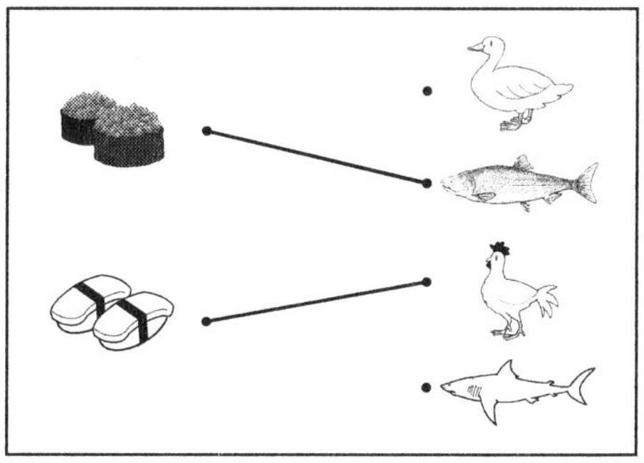

［2022年度出題］

学習のポイント

毎年、当校では、生き物の生態、理科的知識、季節など、幅広い知識が問われます。こうした知識を覚えるために必要なのは、身近なものに対する観察力と好奇心、そして正しい知識を手に入れられる環境です。観察力や好奇心を養うには、お子さまと一緒に出かけるのが一番です。その際、なるべく徒歩で行きましょう。目的地に向かっている途中、さまざまなものを見るでしょう。保護者の方は「あれは何だと思う？」と言ったように、お子さまが興味を向けるように話しかけてください。見えているものを質問するだけでなく、少し前に見たものについて質問すると、お子さまの記憶力なども養われます。わからなかったものについては、お家に帰った後にお子さまと一緒に図鑑や映像メディアなどを通して確認しておきましょう。

【おすすめ問題集】
Ｊｒ・ウォッチャー11「いろいろな仲間」、27「理科」、34「季節」、
55「理科②」

問題48　分野：指示行動（音楽）

〈準備〉　童謡の音楽（「ぶんぶんぶん」「どんぐりころころ」「大きな栗の木の下で」）、タンバリン

〈問題〉　①歌の絵のカードが３枚あります。１枚選んでください。
（問題48-１、２、３の中から１枚を選ぶ）
選んだ歌の音楽を流すので、歌ってください。
（選んだ歌の音楽を流す）
この問題の絵はありません。
②先生の手拍子のリズムを聞いて、タンバリンを叩いて真似してください。
１回目：タンタンタン・タタタン
２回目：タンタタタタタタ・タンタンタン
３回目：タンタタタタタン・タタンタタン
４回目：タタタンタタタタ・タタタンタン

〈時間〉　適宜

〈解答〉　省略

［2022年度出題］

学習のポイント

①の課題は、歌によって採点が変わることはありませんので、できると思った歌を選択すればよいでしょう。例年、「森のくまさん」「ぞうさん」「おもちゃのチャチャチャ」など、有名な童謡が多数出題されています。歌詞や音程だけではなく、歌の中でどのようなストーリーが展開しているのか確かめておいてください。また、歌うときは恥ずかしがったりせず、前を向いて大きな声で元気よく歌うとよいでしょう。
②はリズム感覚の問題です。①と同様に、普段から歌や踊りを通して音楽に対する感覚を養っておいてください。例年出題される課題ですから、しっかりと対策をとり、間違いや取りこぼしがないようにしましょう。リズム感がよくわかっていないお子さまであれば、最初はよく聞く歌に合わせて、一定のリズムで手を叩く、ジャンプする、歩くなどを通して、リズムとは何なのかを理解してください。リズムを理解したら、本問と同様に楽器を使って、リズムを使った課題の練習を繰り返しましょう。

【おすすめ問題集】
新口頭試問・個別テスト問題集

問題49　分野：運動

〈準備〉　大中小さまざまな大きさの空のペットボトル８本、ボール

〈問題〉　**この問題の絵はありません。**
５人１チームでボウリングをします。ペットボトルの並べ方とボールを投げる順番はチームで相談して決めてください。ペットボトルを多く倒したチームの勝ちです。

〈時間〉　適宜

〈解答〉　省略

［2022年度出題］

学習のポイント

この問題では、５人が協力して課題に取り組まなくてはいけません。初めて会うお友だちと共同作業をすることになりますから、上手くいかないこともあるかもしれません。ピンの並べ方や、投球順を決めるのに時間がかかったり、ボールがピンに当たらなかったりすることもあるでしょう。その際、お子さまによっては、上手くできないことにイライラしてしまったり、お友だちとケンカになってしまうこともあるかもしれません。慣れない環境だと、普段とは違った行動を取ってしまうことがあります。ですから、日頃から公園に行くなどして、面識のないお友だちと遊ぶ練習をしておくとよいでしょう。また、ゲームが上手くできないことに対して落ち込んだり、焦っている子がいるかもしれません。そうした子を見たときは、積極的に明るい声かけをしてその子を気を遣ってあげたり、投球のコツを教えるなどの工夫をし、全員が楽しくゲームができる雰囲気を作れるとよいでしょう。

【おすすめ問題集】
Ｊｒ・ウォッチャー29「行動観察」

問題50　分野：運動

〈準備〉　ビニールテープ、お手玉、ゴム紐、跳び箱、平均台、マット

〈問題〉　**この問題の絵はありません。**
①先生の手拍子に合わせて行進をしてください。
②「よーい、どん」で直線状を走り、床に置かれたお手玉を取って戻り、箱に入れてください。
③床上20cm程に張られたゴム紐を両足ジャンプで前後に６回跳んでください。
④跳び箱の上から平均台を渡り、ジャンプしてマットに着地してください。

〈時間〉　適宜

〈解答〉　省略

［2022年度出題］

学習のポイント

さまざまな運動の課題が行われます。１つひとつの難易度はそれほどでもありませんが、いくつも行うと１つ２つは上手くできないものもあるかもしれません。お子さまが完璧に課題をこなすことにこだわりすぎていると、失敗した時点で嫌になって課題を投げ出してしまうかもしれません。１つ失敗したからといって、即座に失格になるわけではありません。むしろ、上手く行かない課題を少しでもできるように、真剣に取り組む姿勢は評価の対象となります。結果ではなく、問題に諦めずに取り組むことが大事だということを、日頃の生活や学習を通して教えてあげてください。また、グループの全員が課題を終えるまで、ほかの参加者は三角座りで待っているように指示されます。自分の番が終わってホッとしたからといって、ほかのお友だちとお喋りをすることは良くありません。静かに、お友だちが課題に取り組む様子を見ながら待つ態度を、日常生活の中で身に付けていきましょう。

【おすすめ問題集】
新運動テスト問題集、Ｊｒ・ウォッチャー28「運動」

問題1

①

②

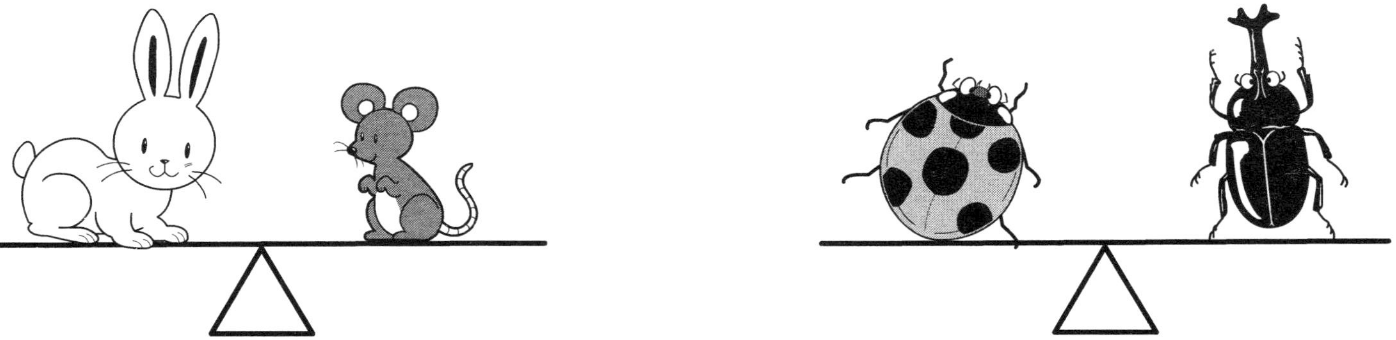

問題 2

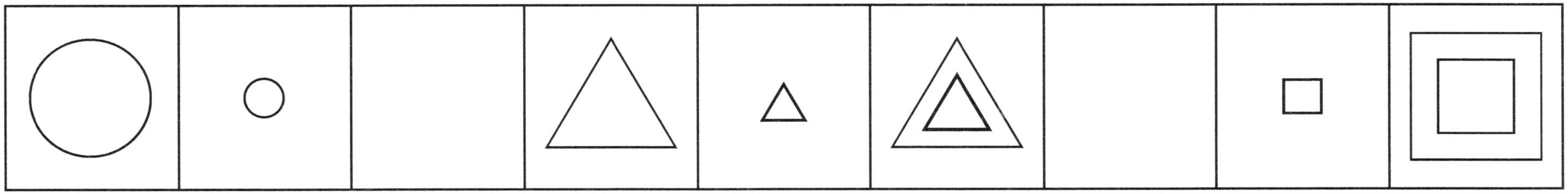

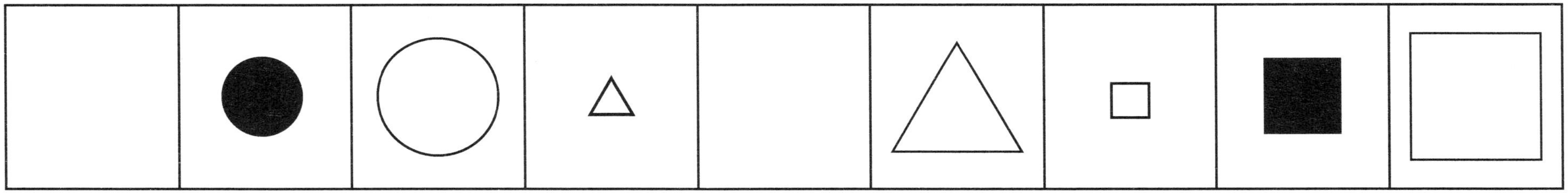

2024年度　関西学院・雲雀丘学園　過去　無断複製／転載を禁ずる　日本学習図書株式会社

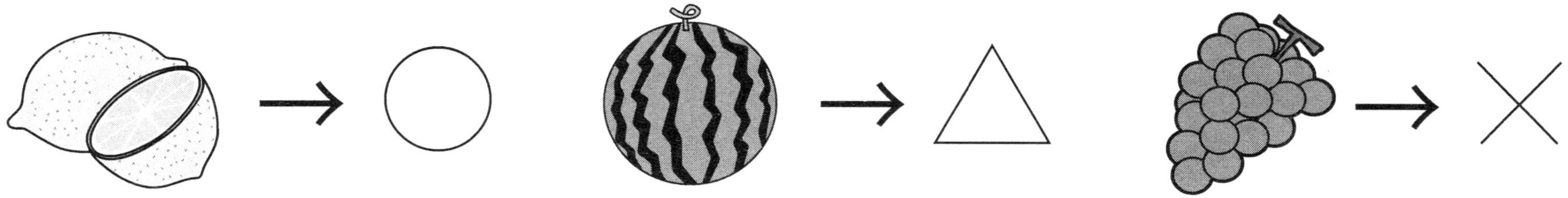

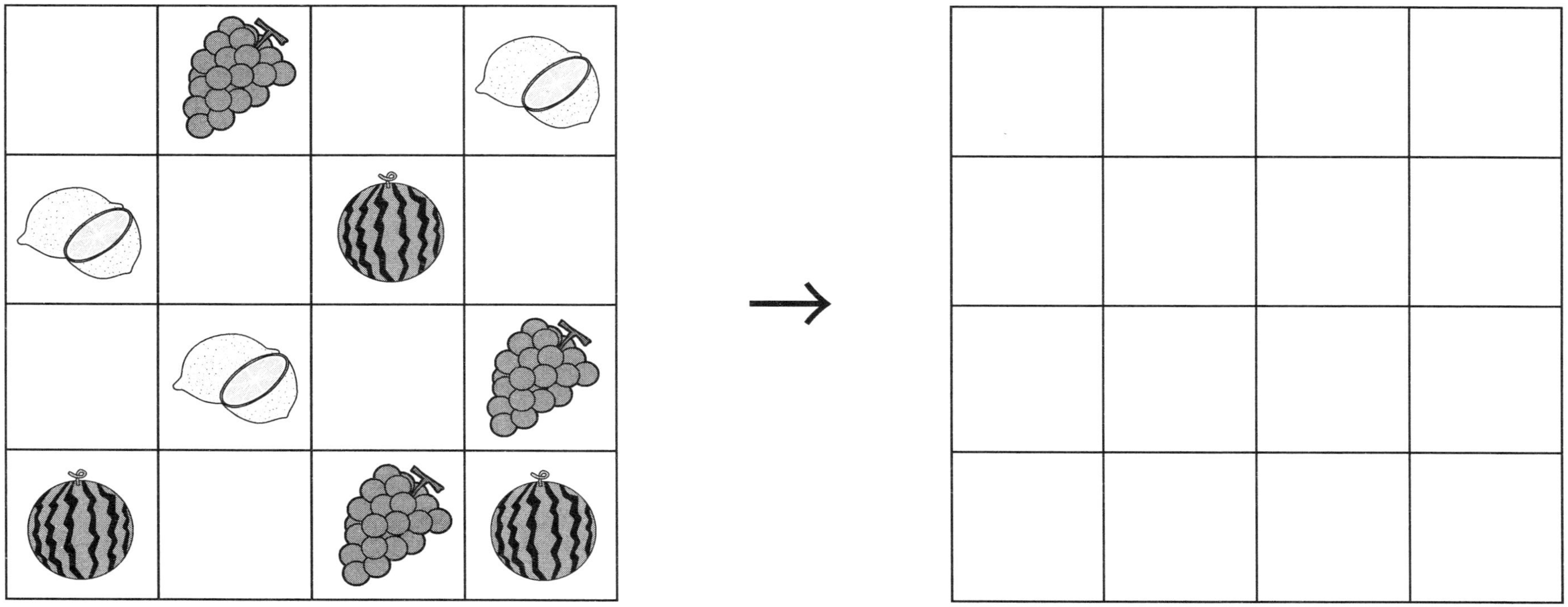

2024年度　関西学院・雲雀丘学園　過去　無断複製／転載を禁ずる　　日本学習図書株式会社

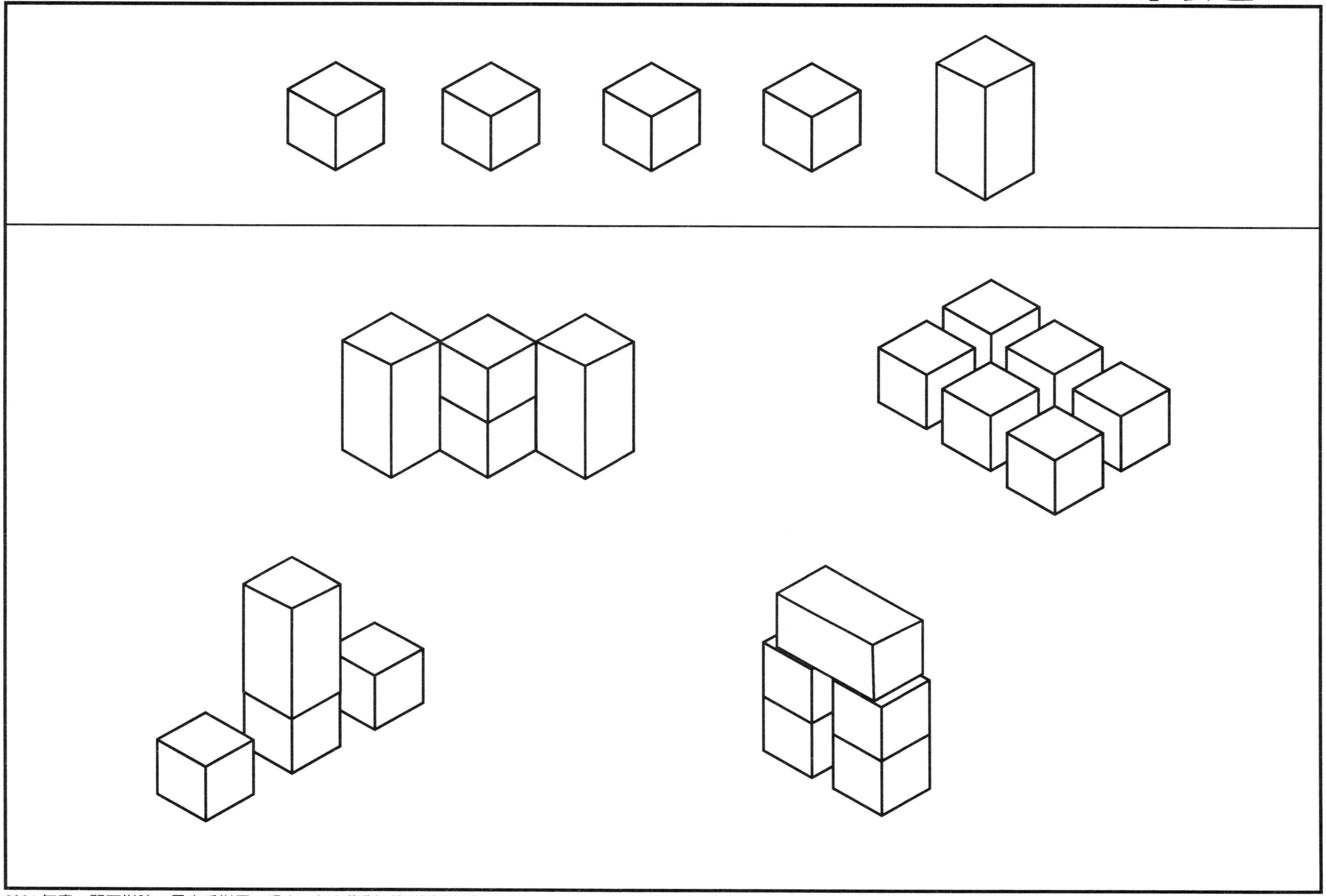

問題5

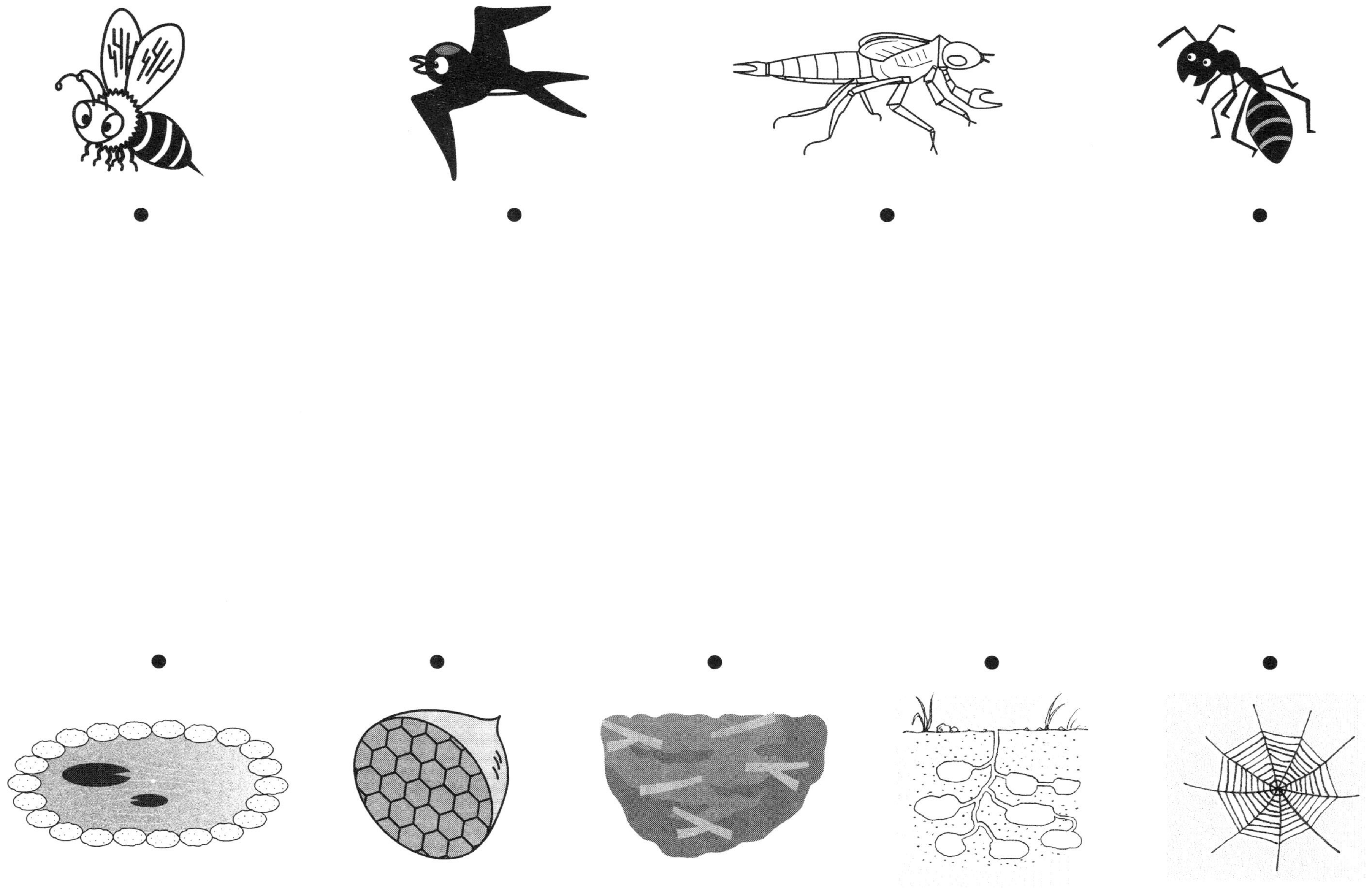

　　

問題6

問題7

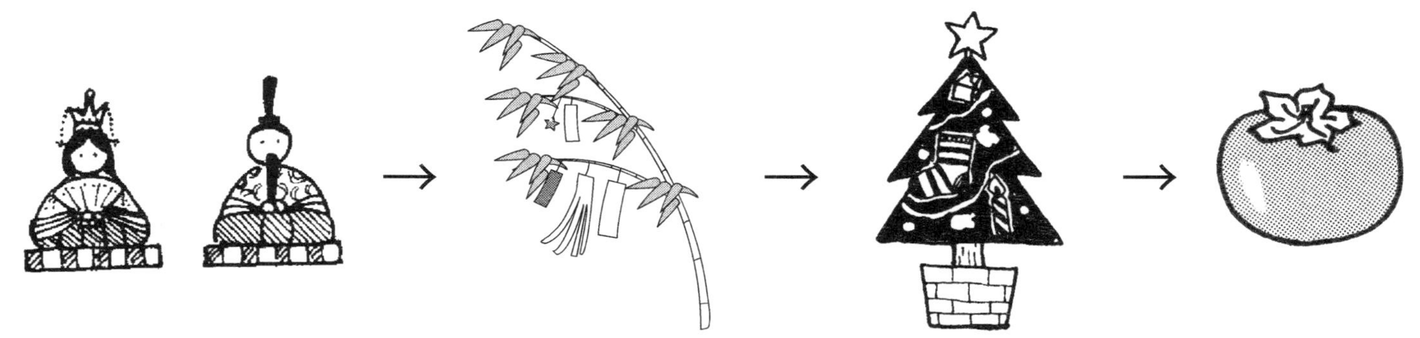

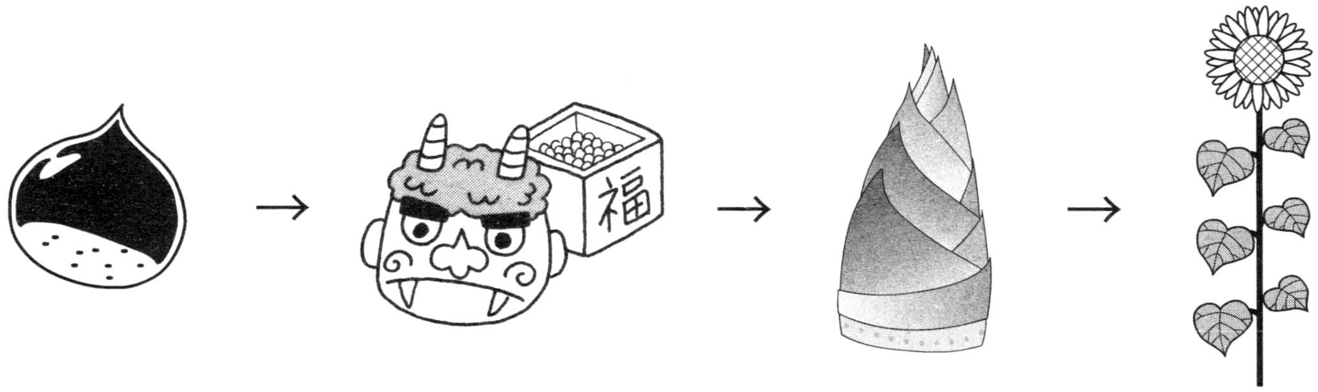

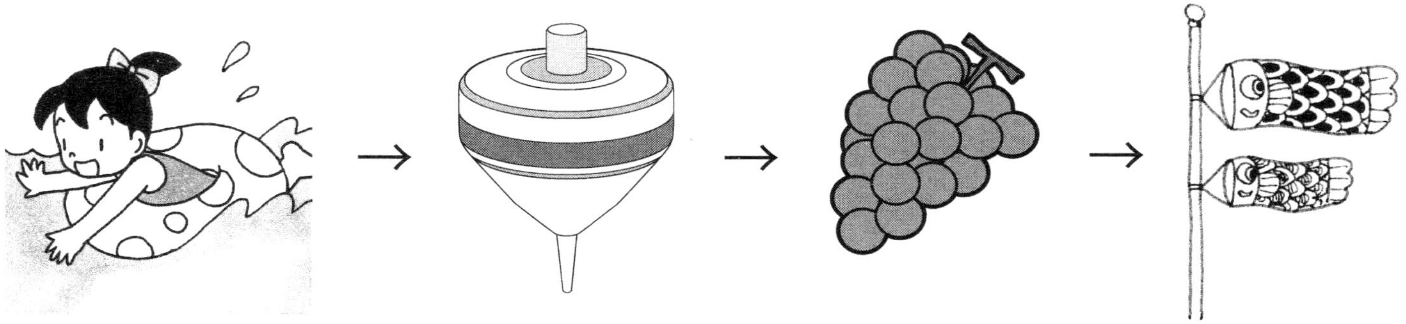

　

問題8

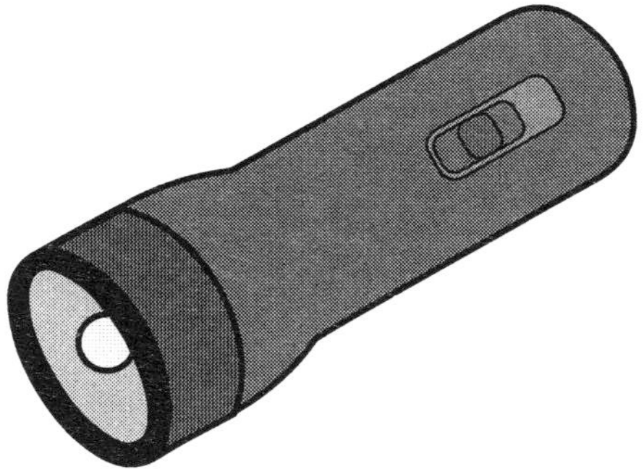

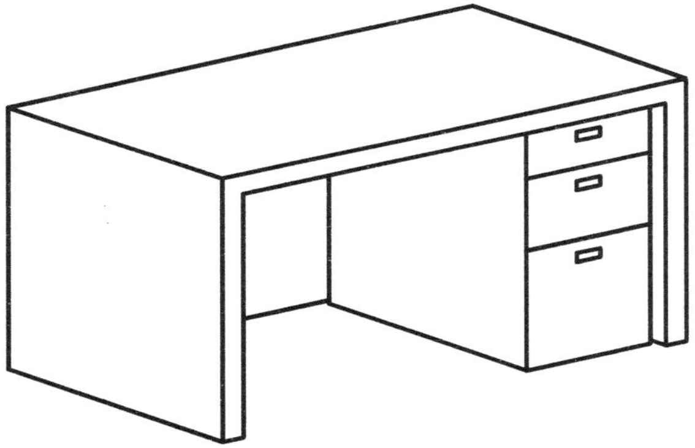

問題9

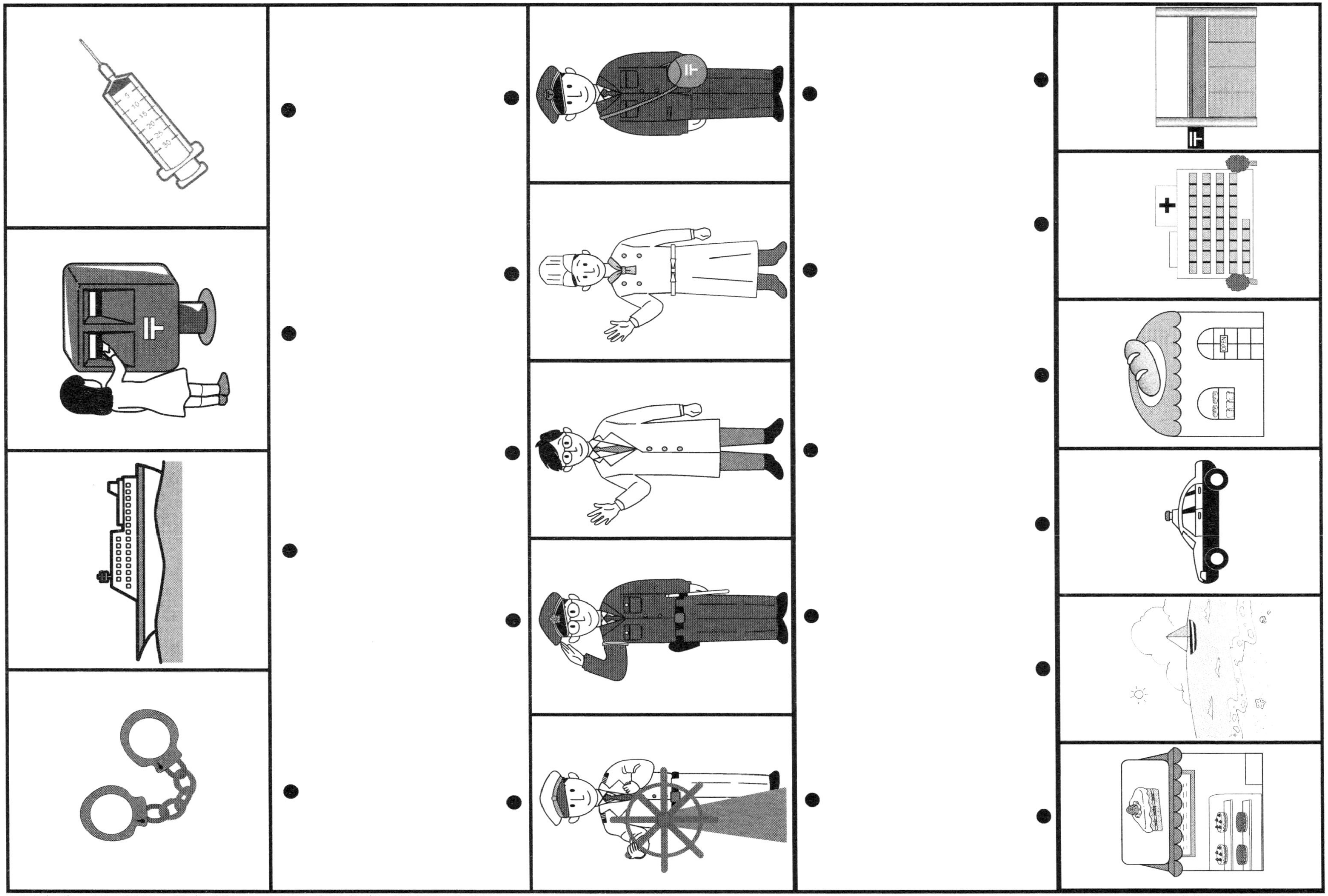

問題１０－１

①

②

問題１０−２

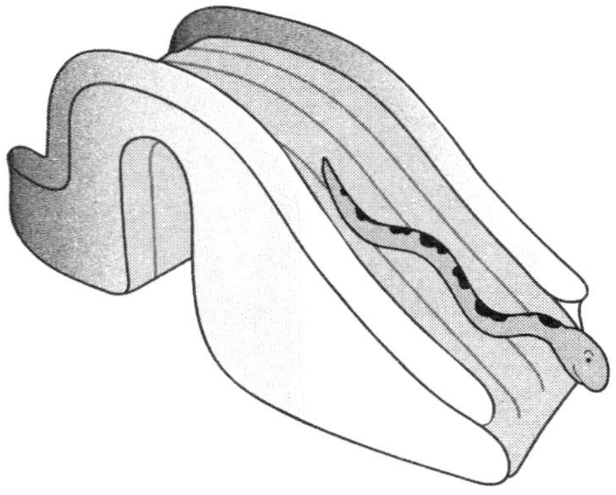

日本学習図書株式会社

問題１１

問題１２

①

②

③

④

問題１３

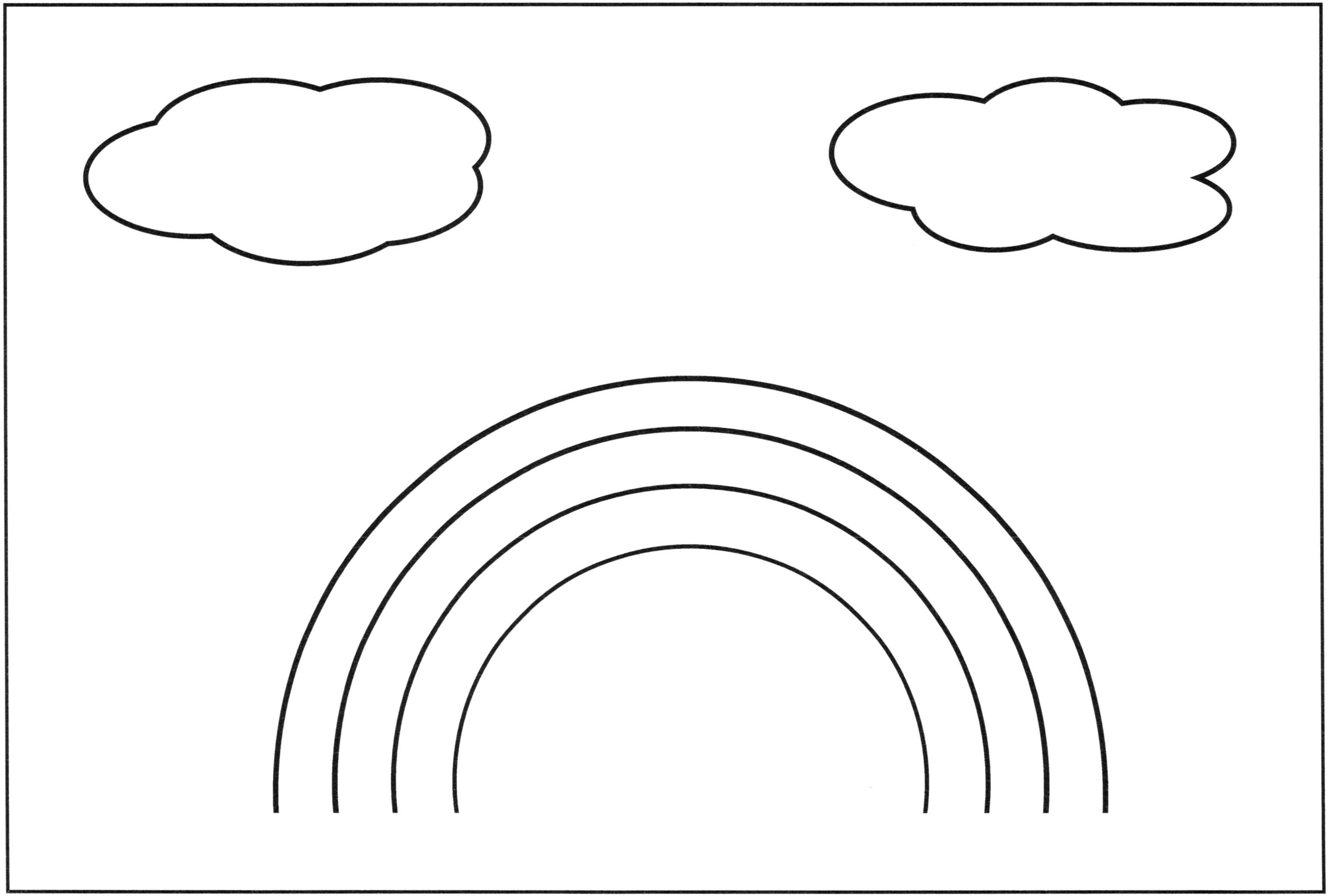

2024 年度　関西学院・雲雀丘学園　過去　無断複製／転載を禁ずる　日本学習図書株式会社

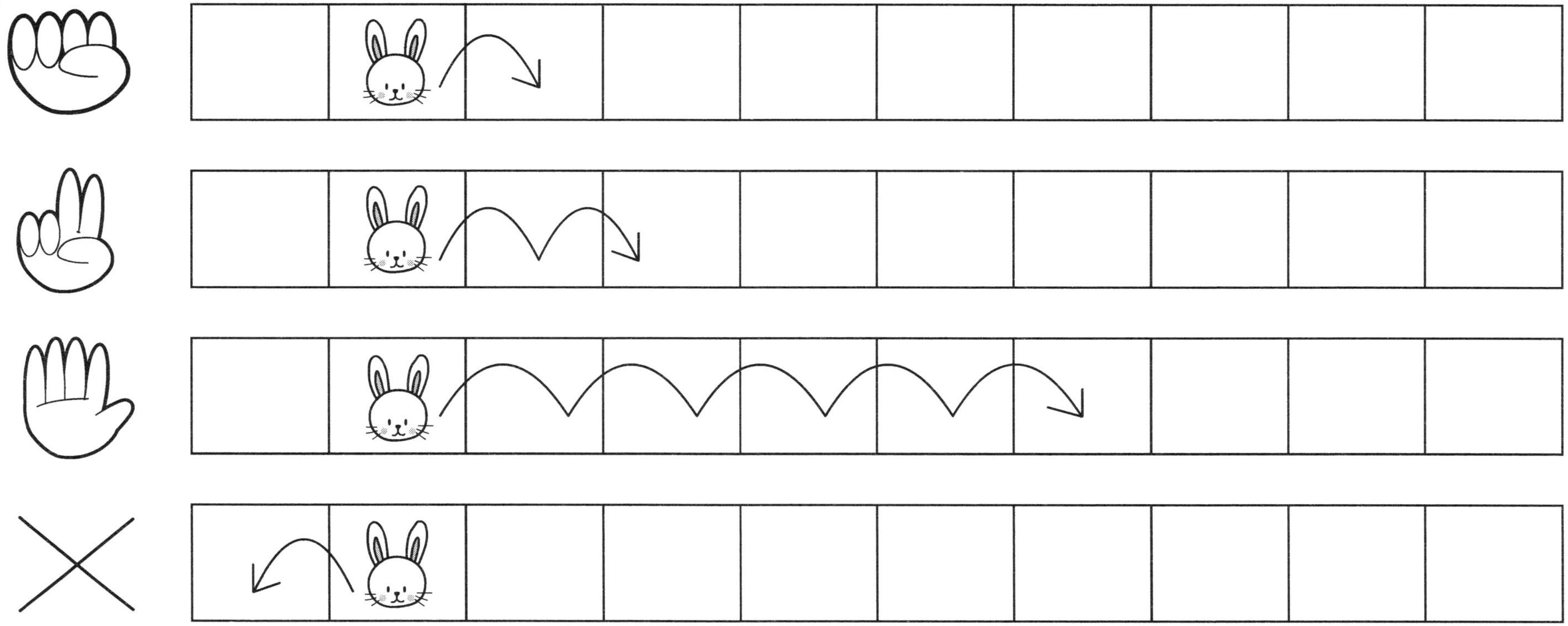

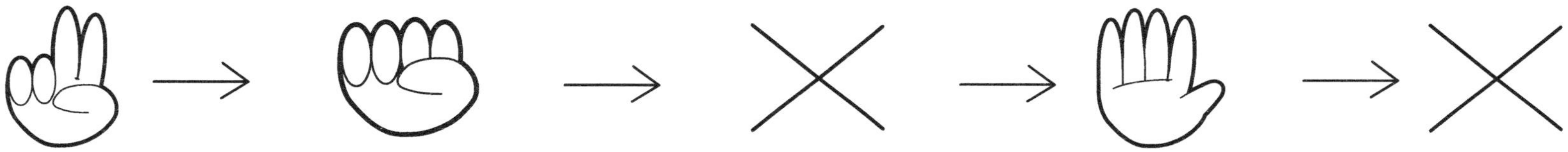

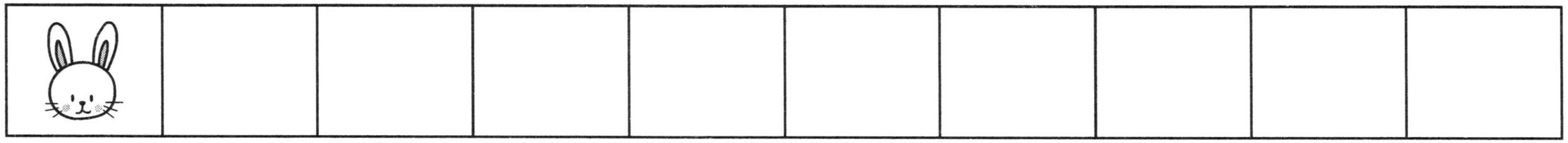

問題16

日本学習図書株式会社

2024年度　関西学院・雲雀丘学園　過去　無断複製／転載を禁ずる

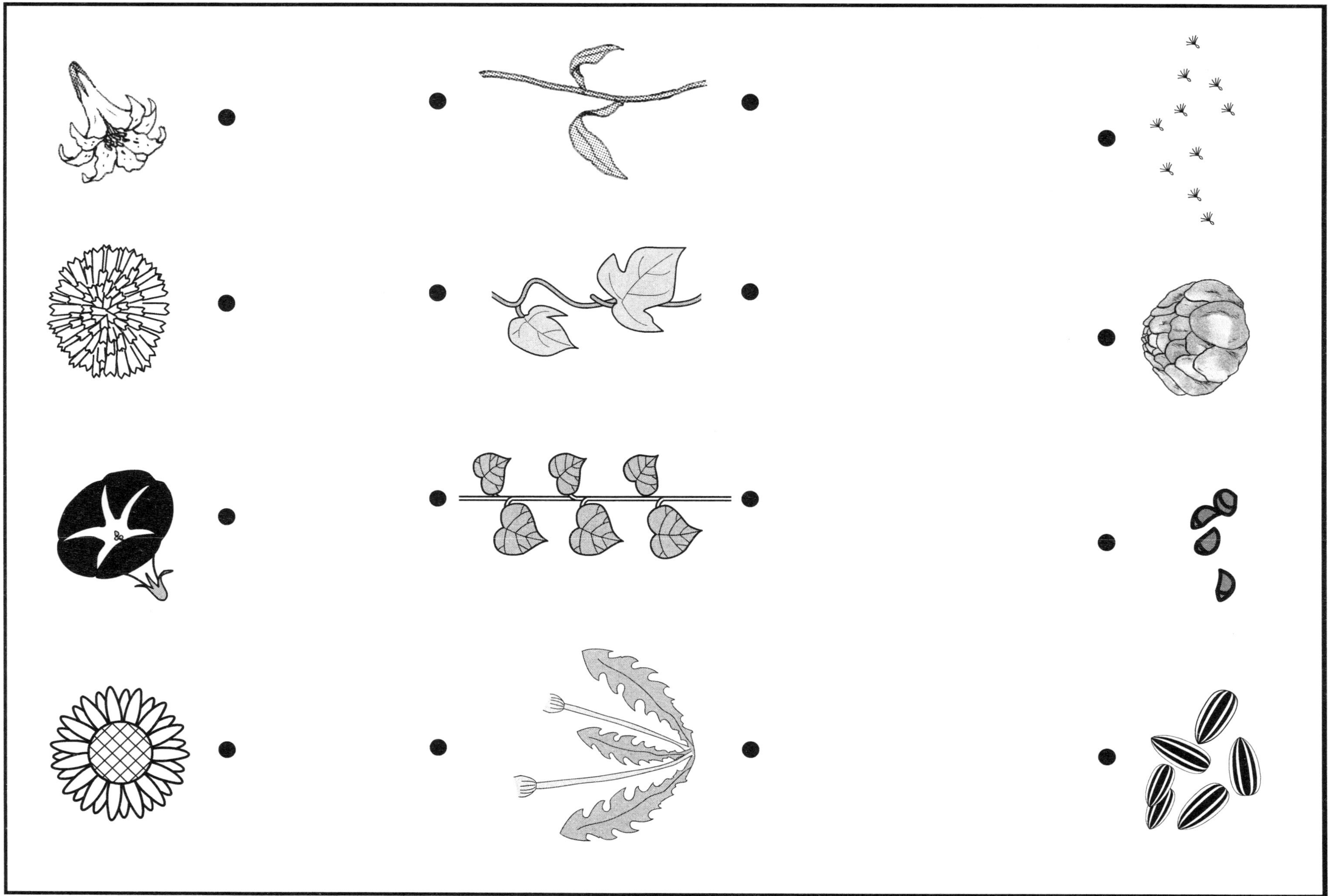

問題１７

問題１８

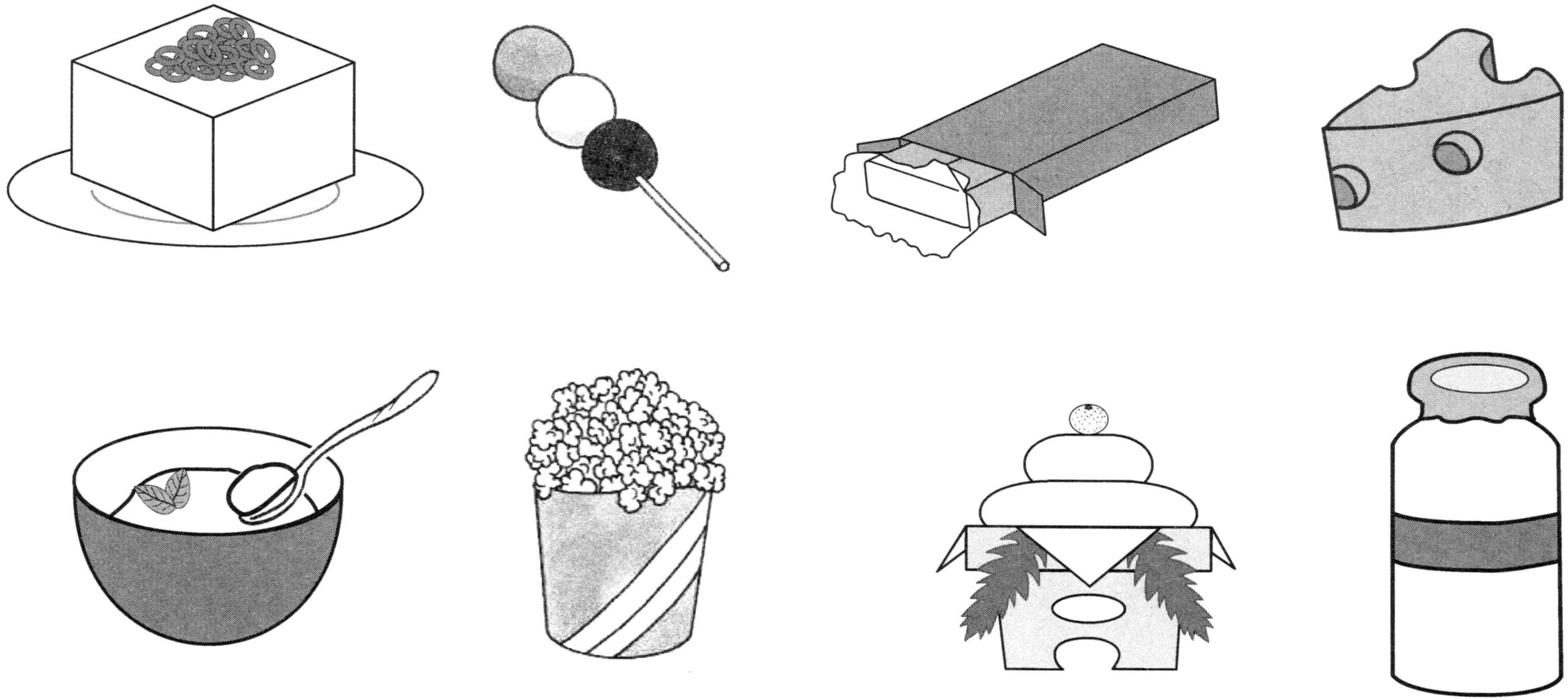

問題１９

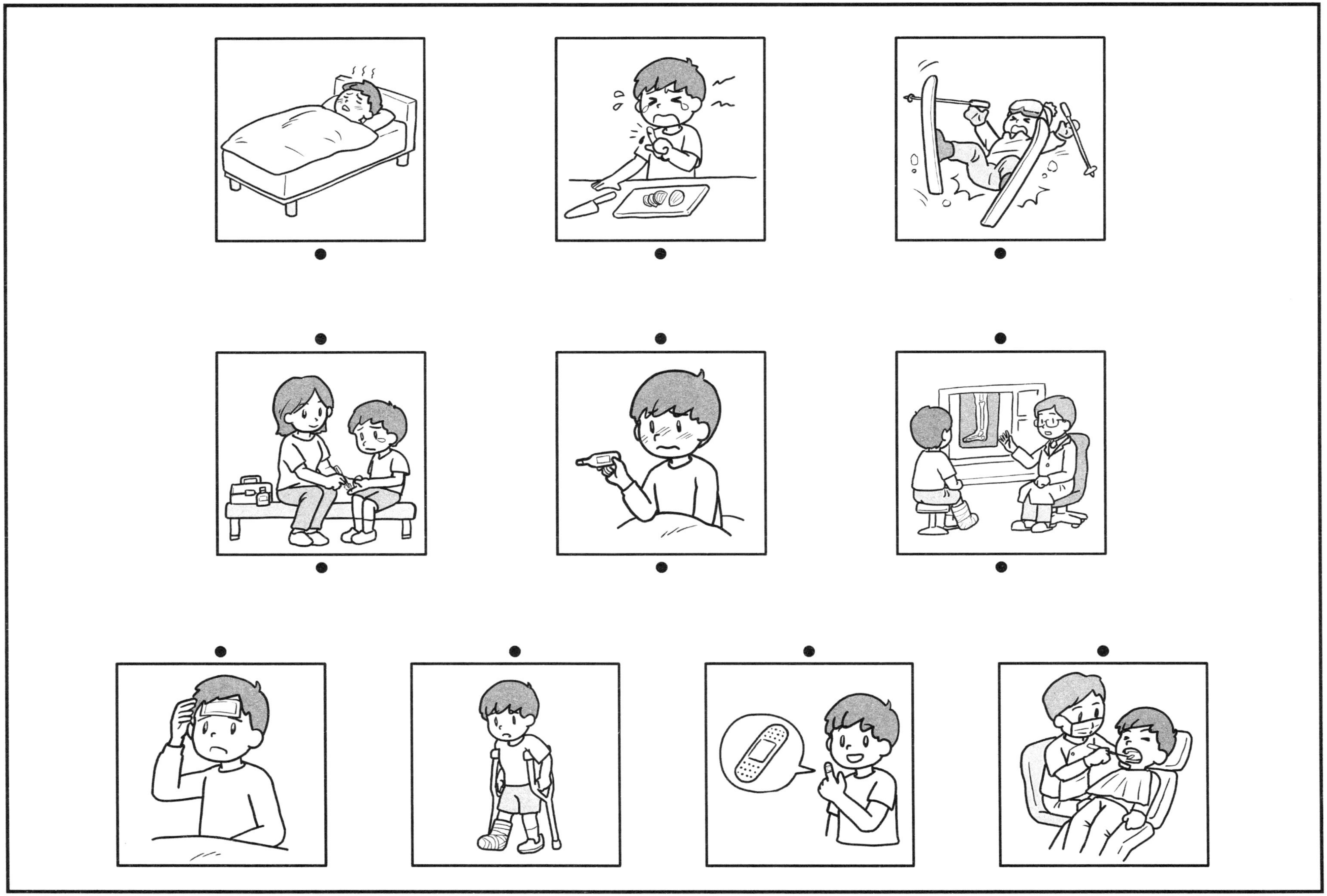

問題２０

問題２１

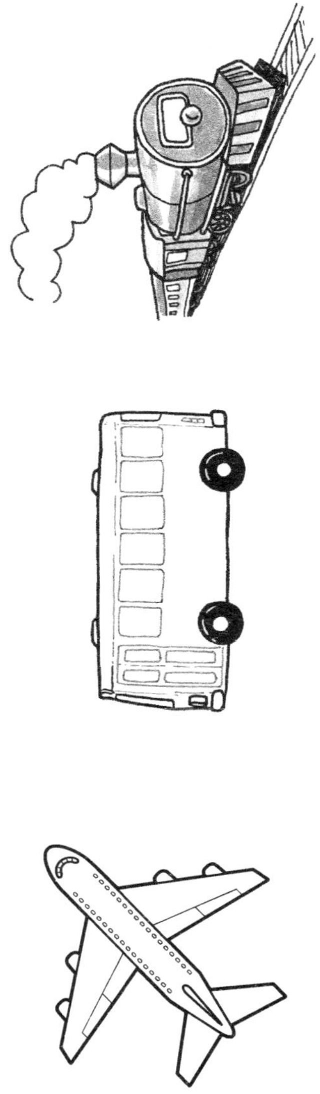

①

②

③

④

問題２４

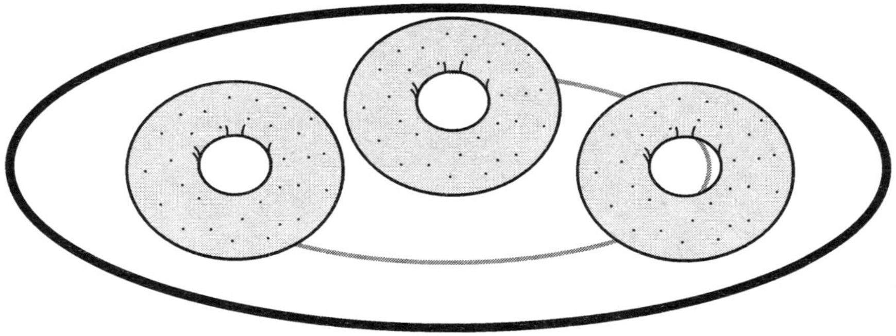

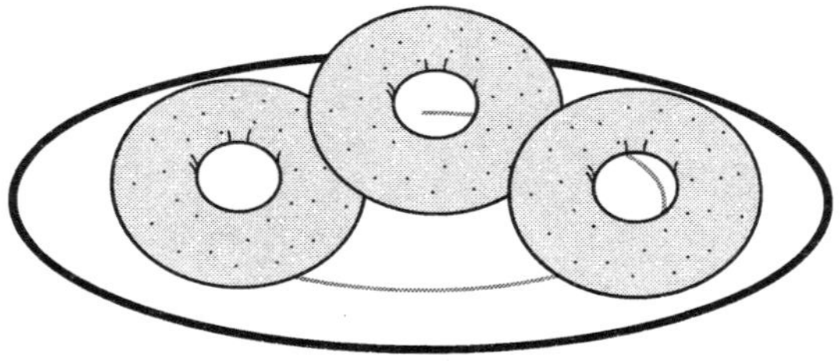

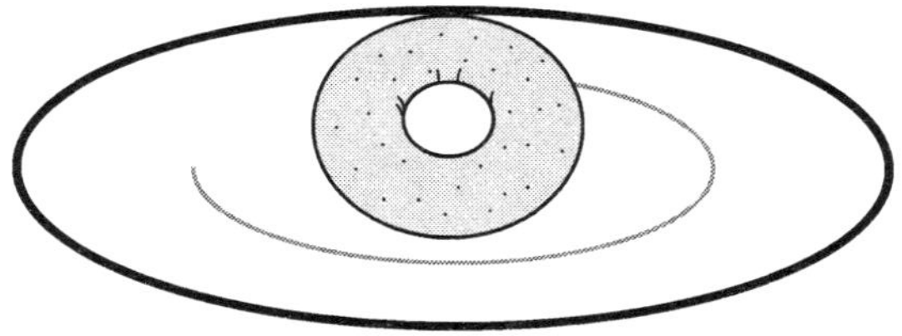

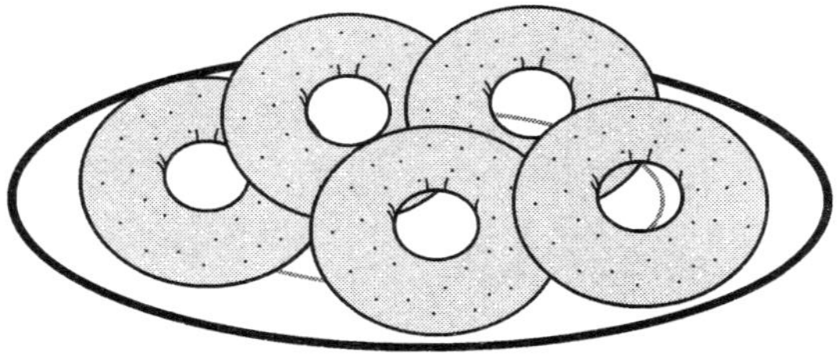

問題26

2024 年度　関西学院・雲雀丘学園　過去　無断複製／転載を禁ずる

日本学習図書株式会社

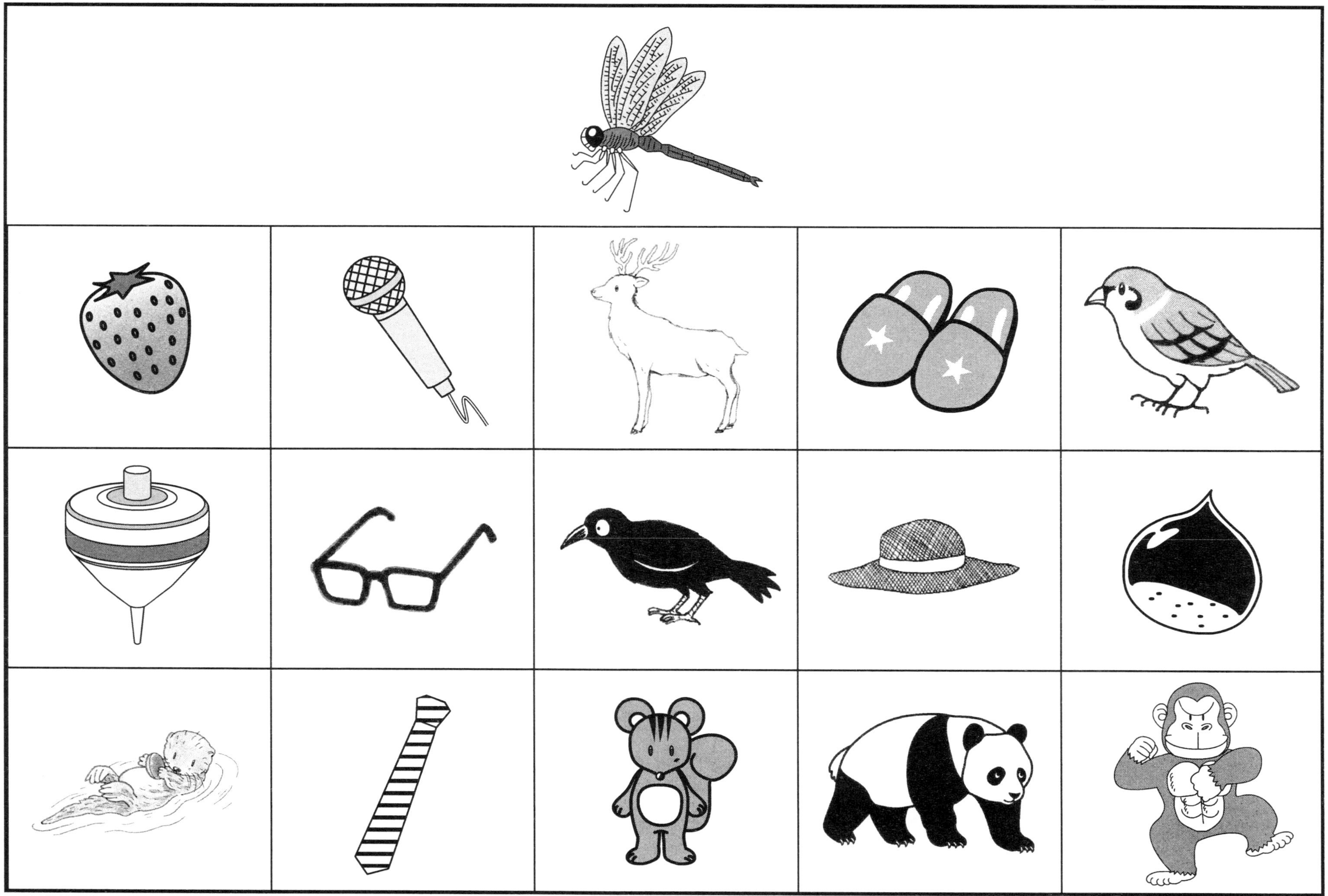

問題28

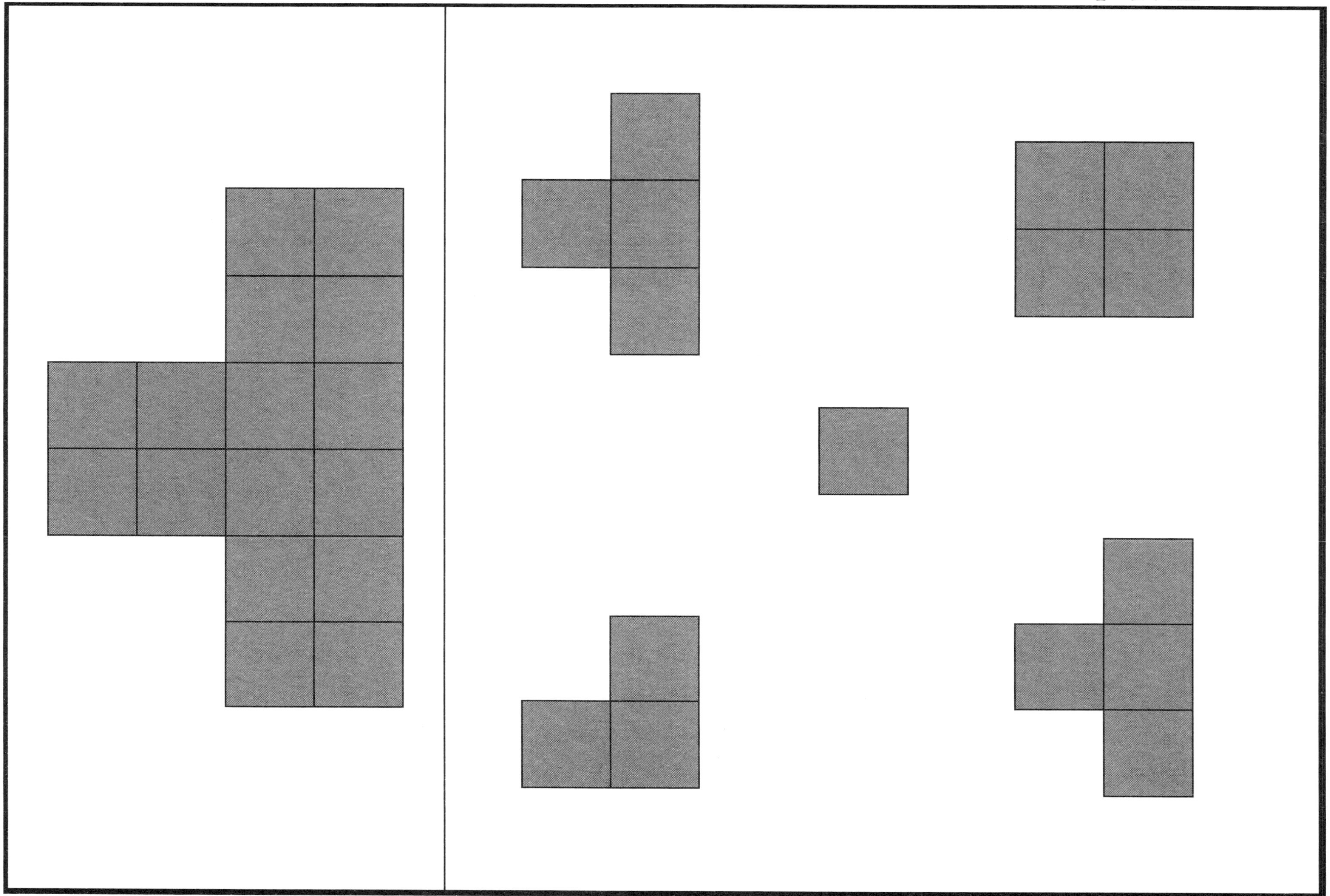

問題３１

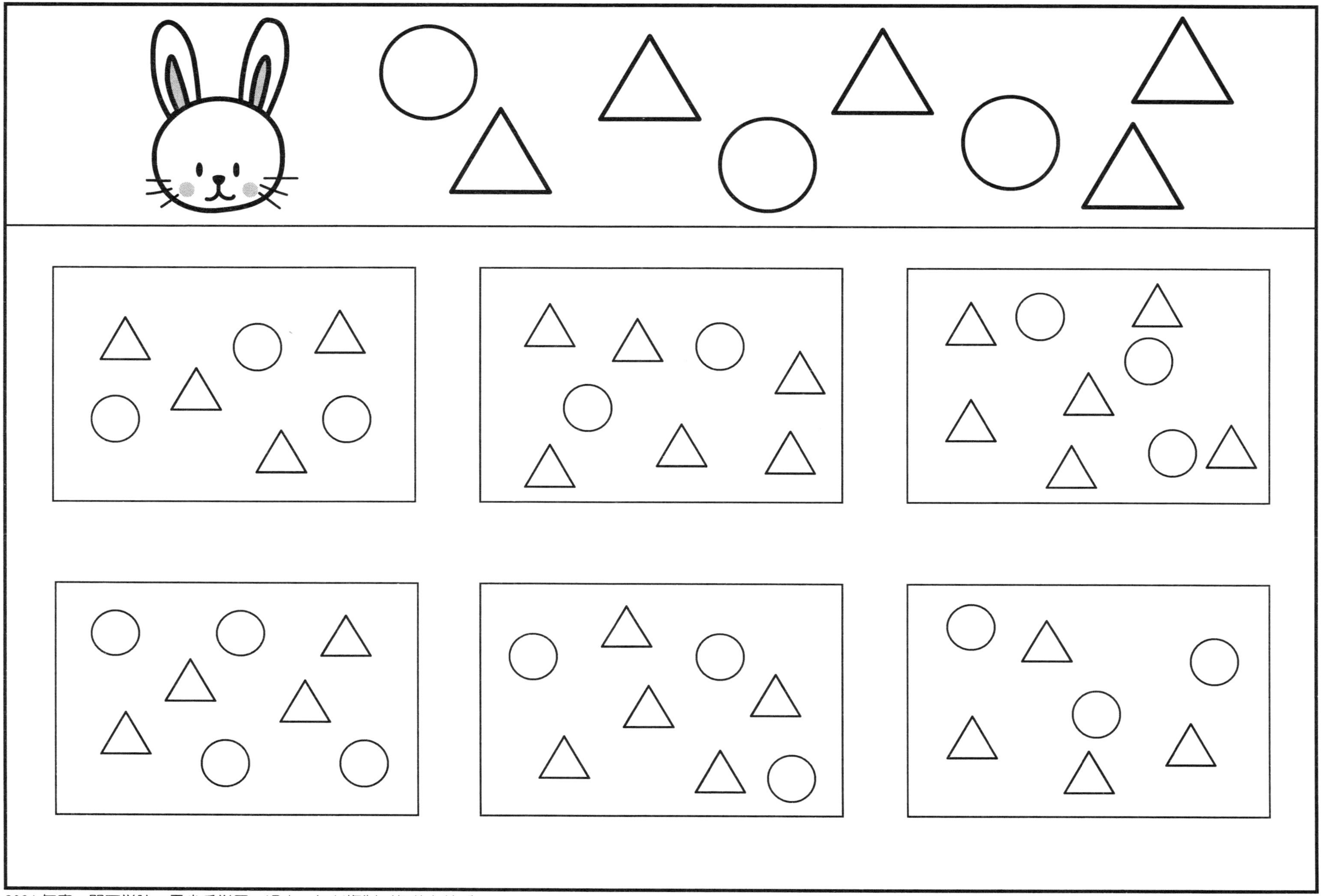

日本学習図書株式会社

問題３２

①

②

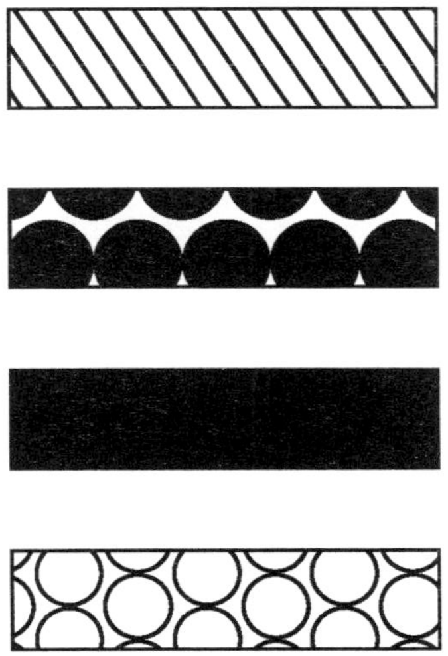

問題３３

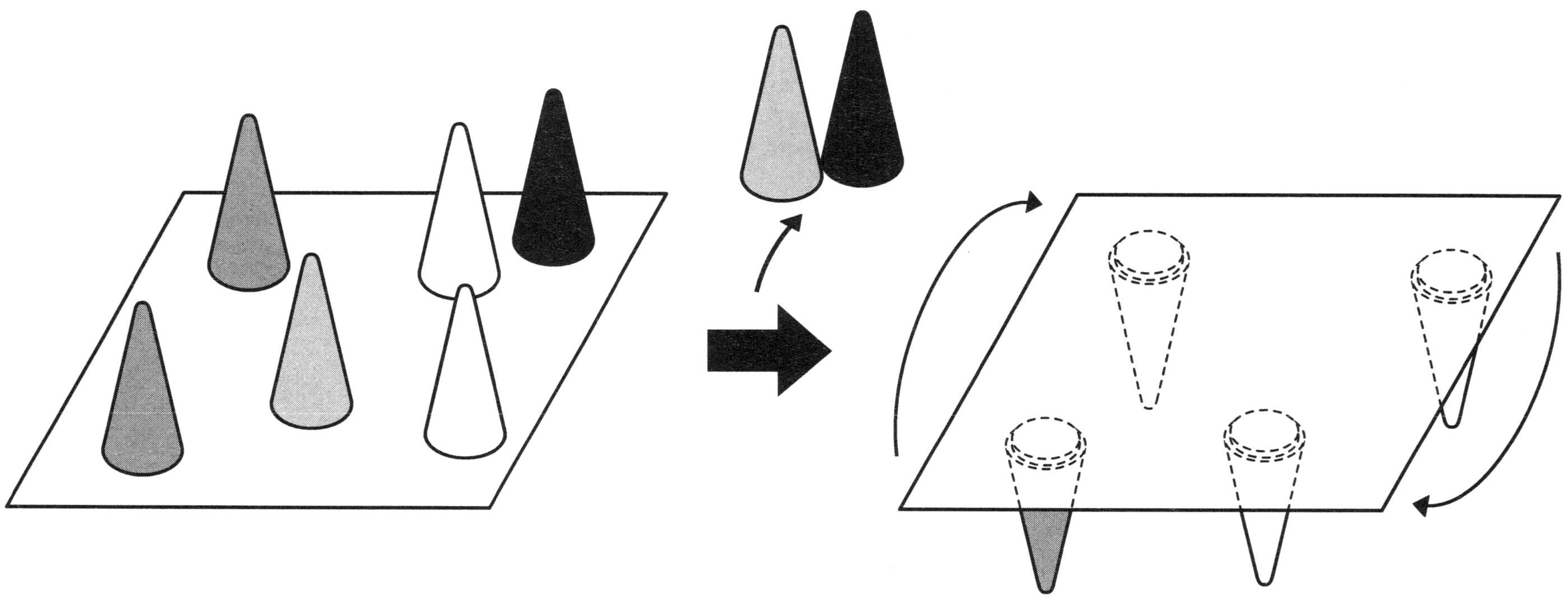

2024 年度　関西学院・雲雀丘学園　過去　無断複製/転載を禁ずる　　日本学習図書株式会社

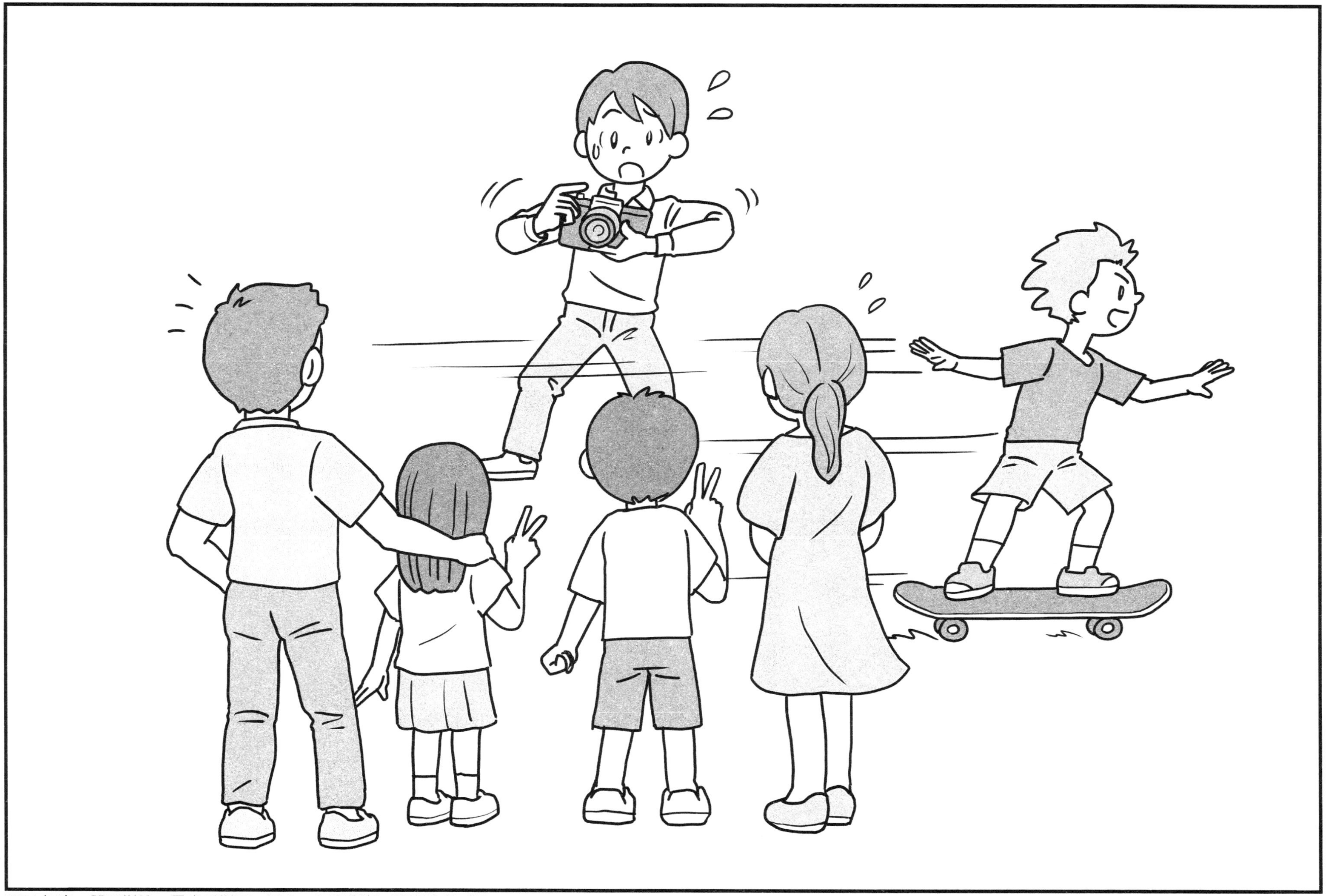

問題3 4－2

2024 年度　関西学院・雲雀丘学園　過去　無断複製／転載を禁ずる　　　　　　　　　　　　　日本学習図書株式会社

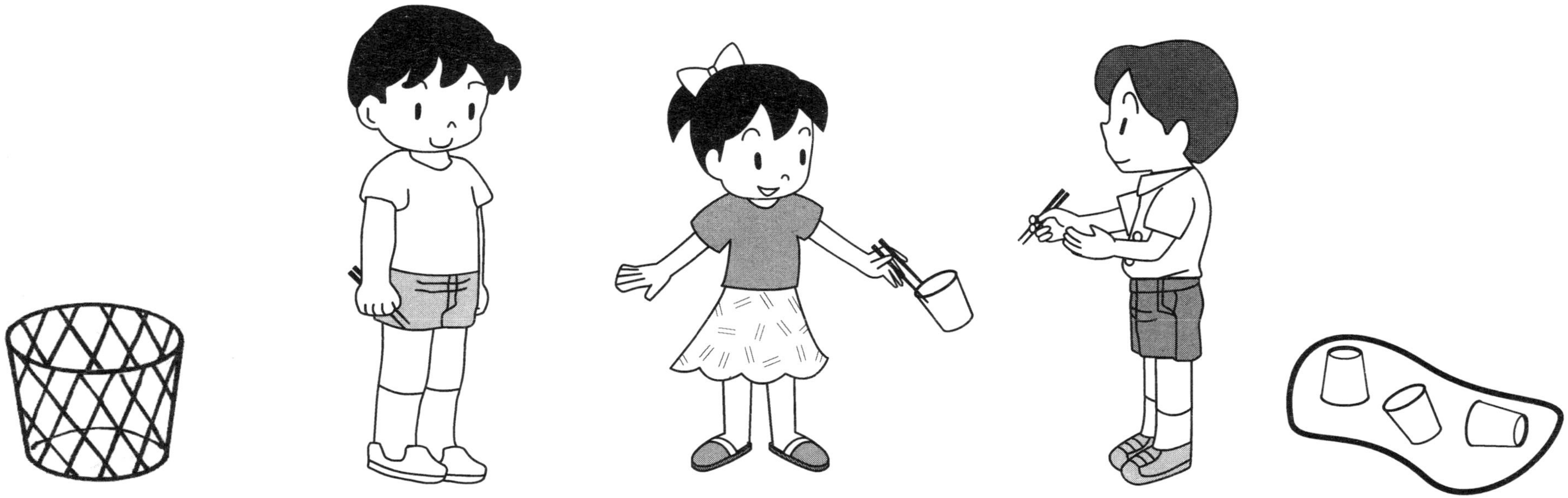

問題37－1

問題３７－２

問題38－1

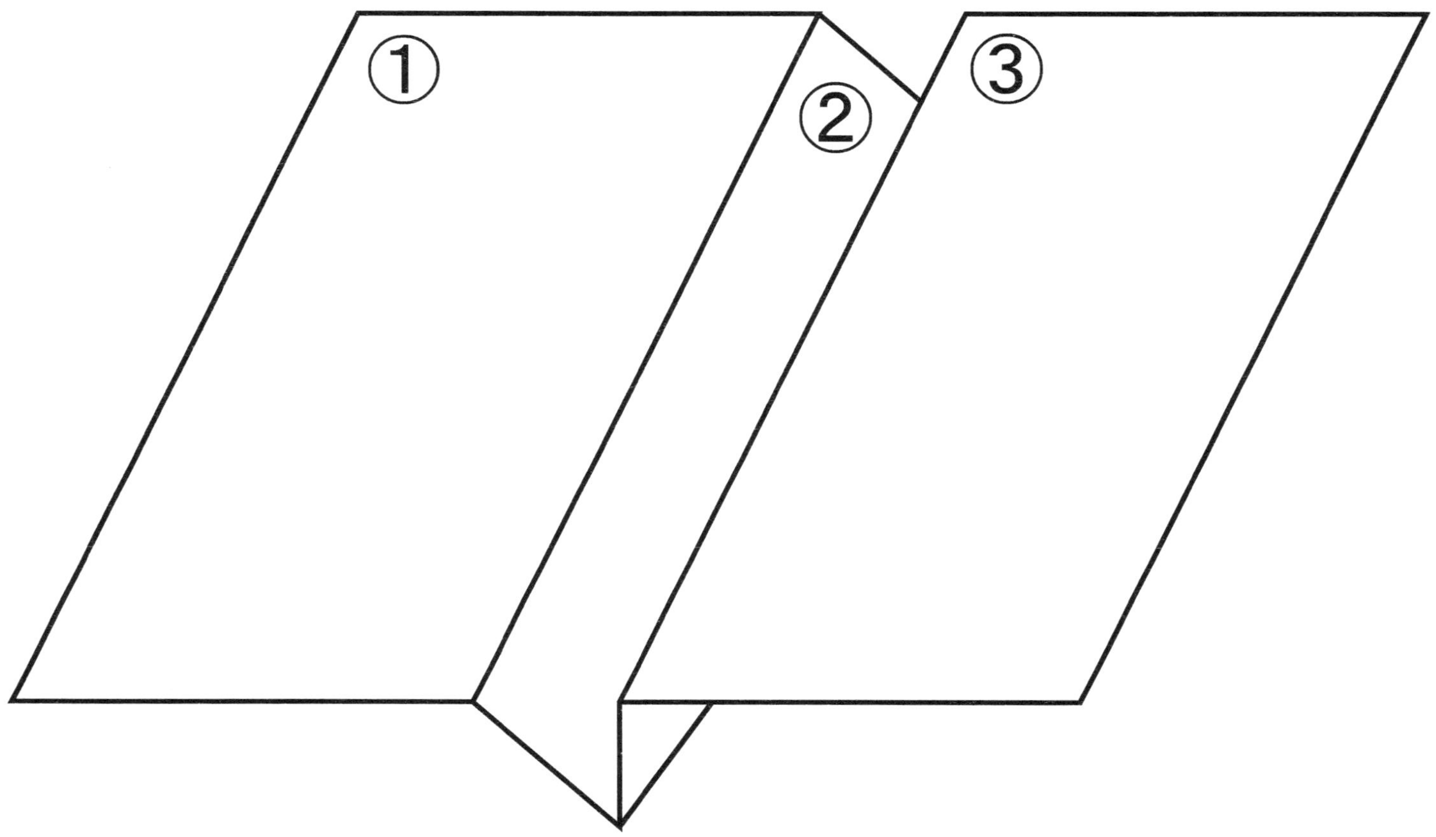

問題３８－２

①

②

③

問題４０

問題41

2024 年度 関西学院・雲雀丘学園 過去 無断複製/転載を禁ずる 日本学習図書株式会社

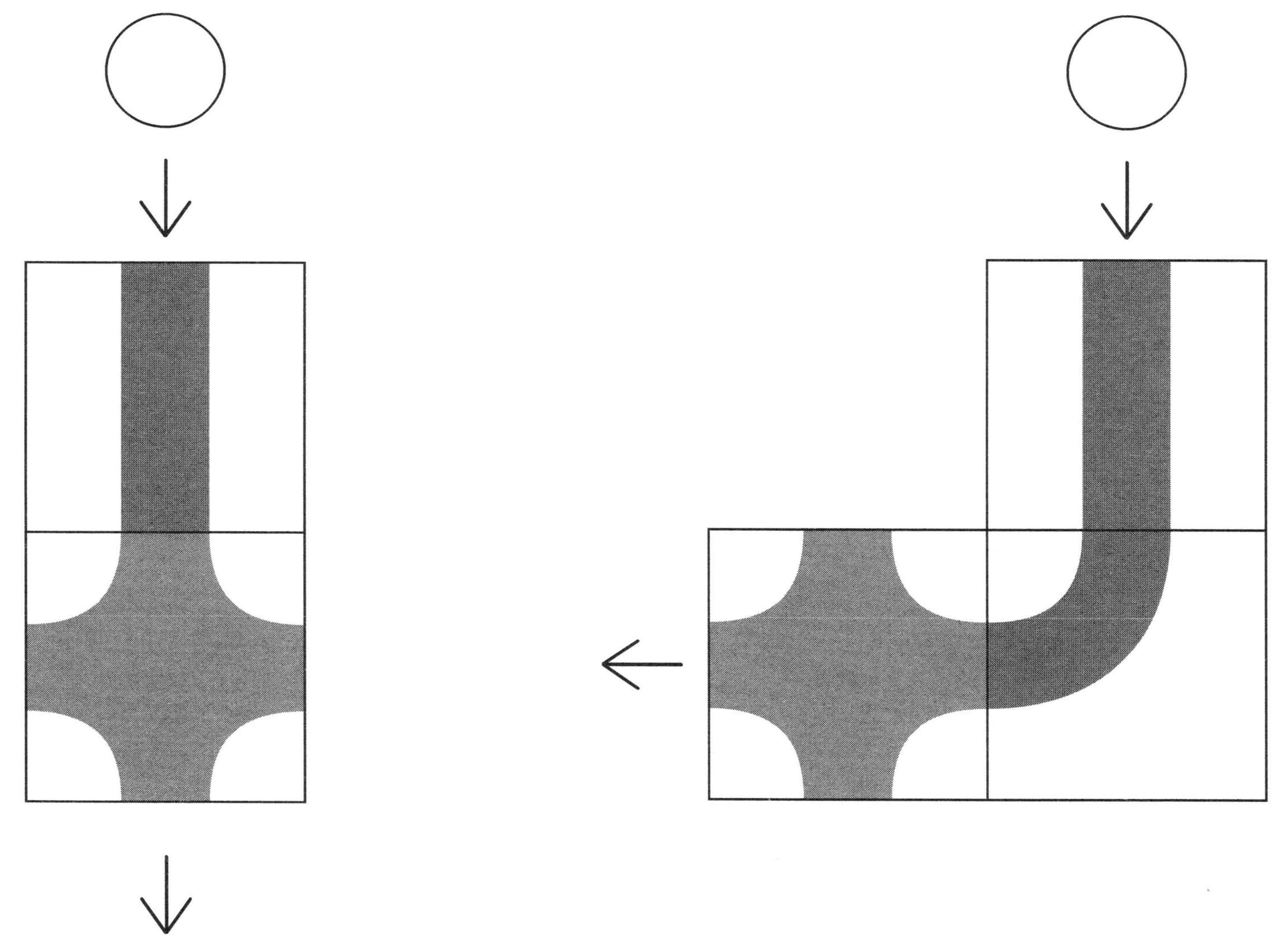

問題4 3－2

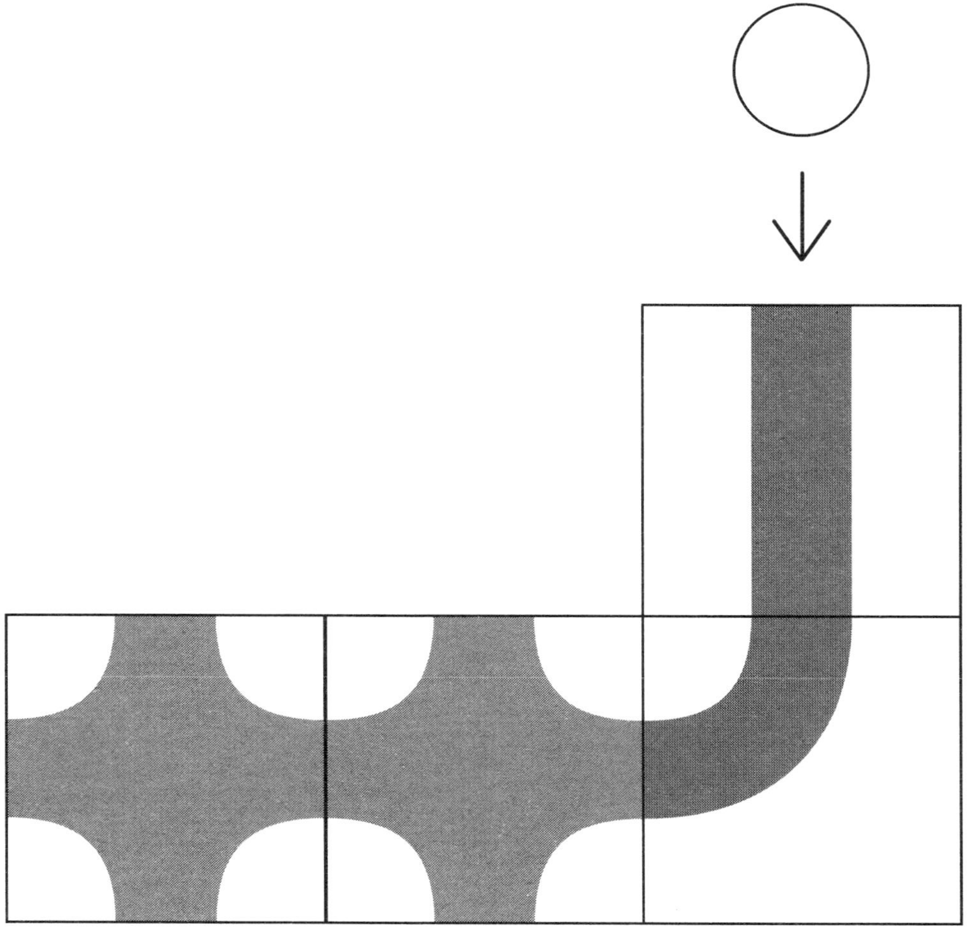

問題43－3

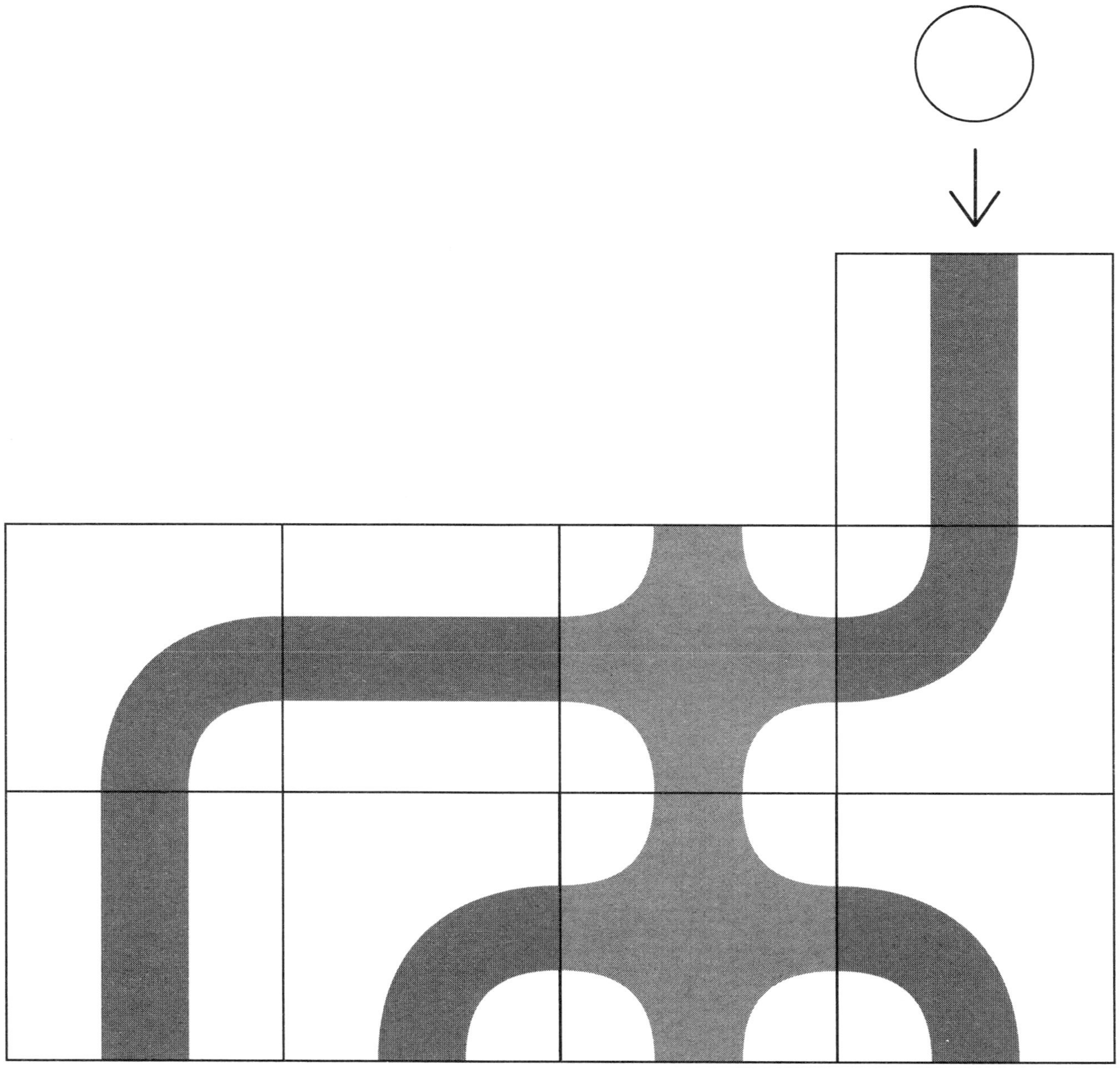

問題４３－４

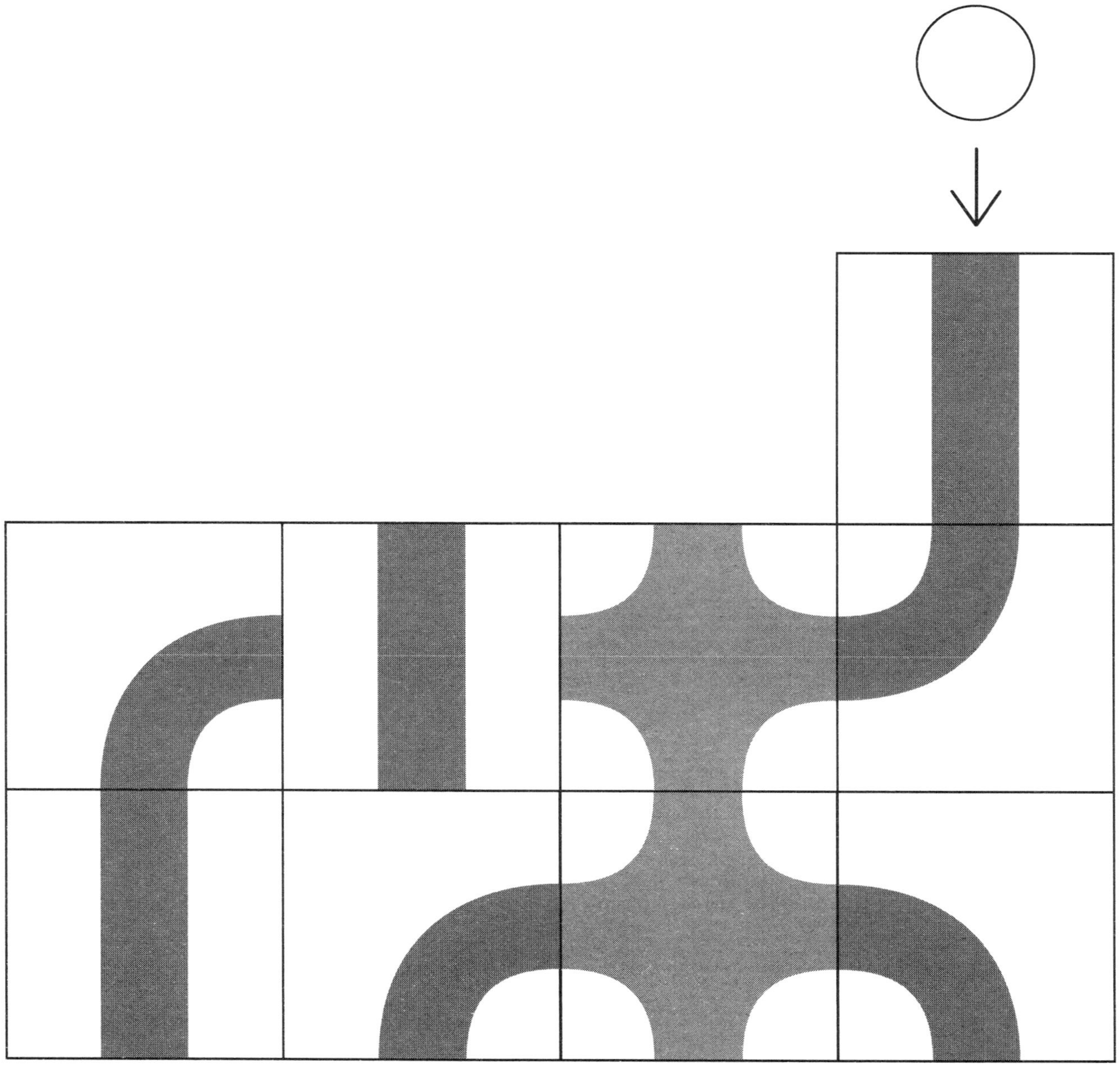

問題43－5

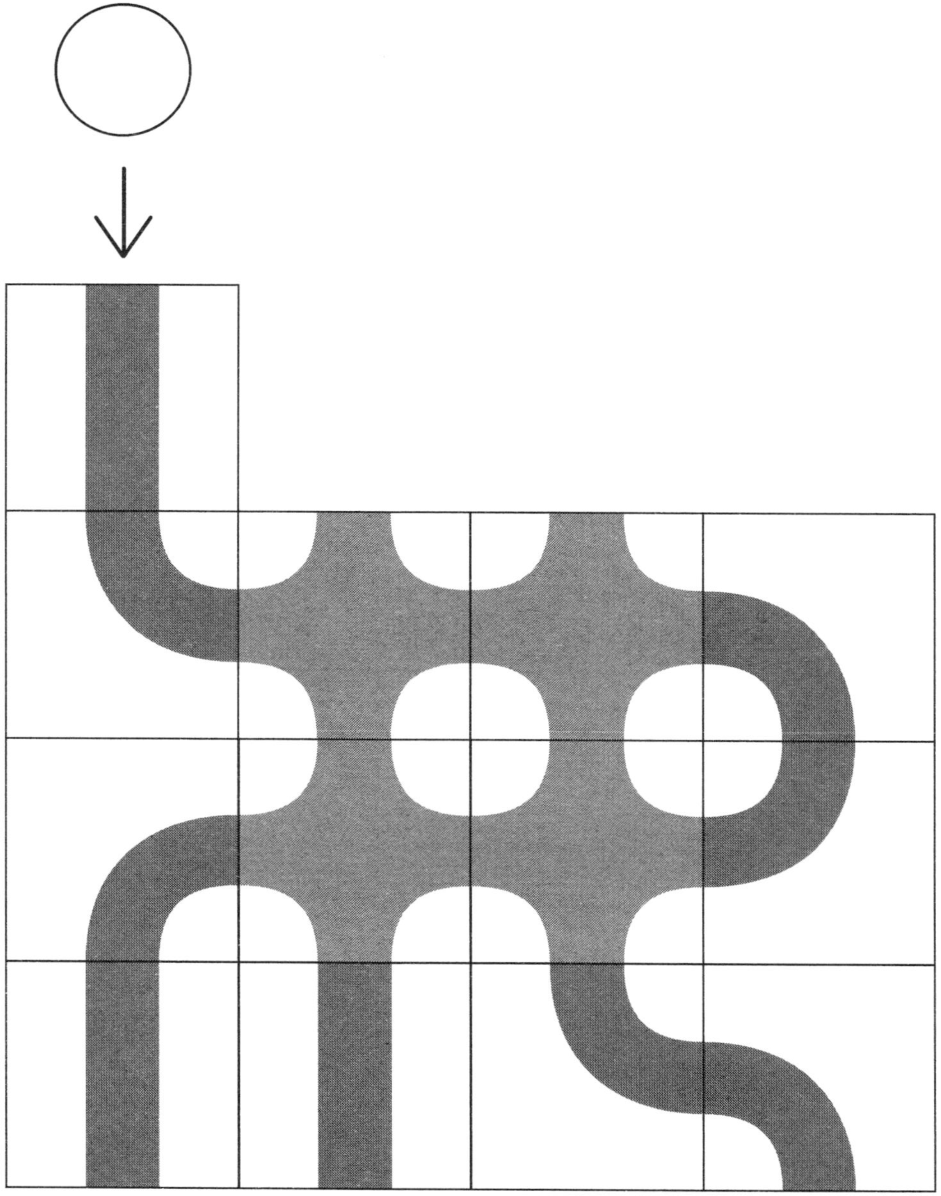

問題４４

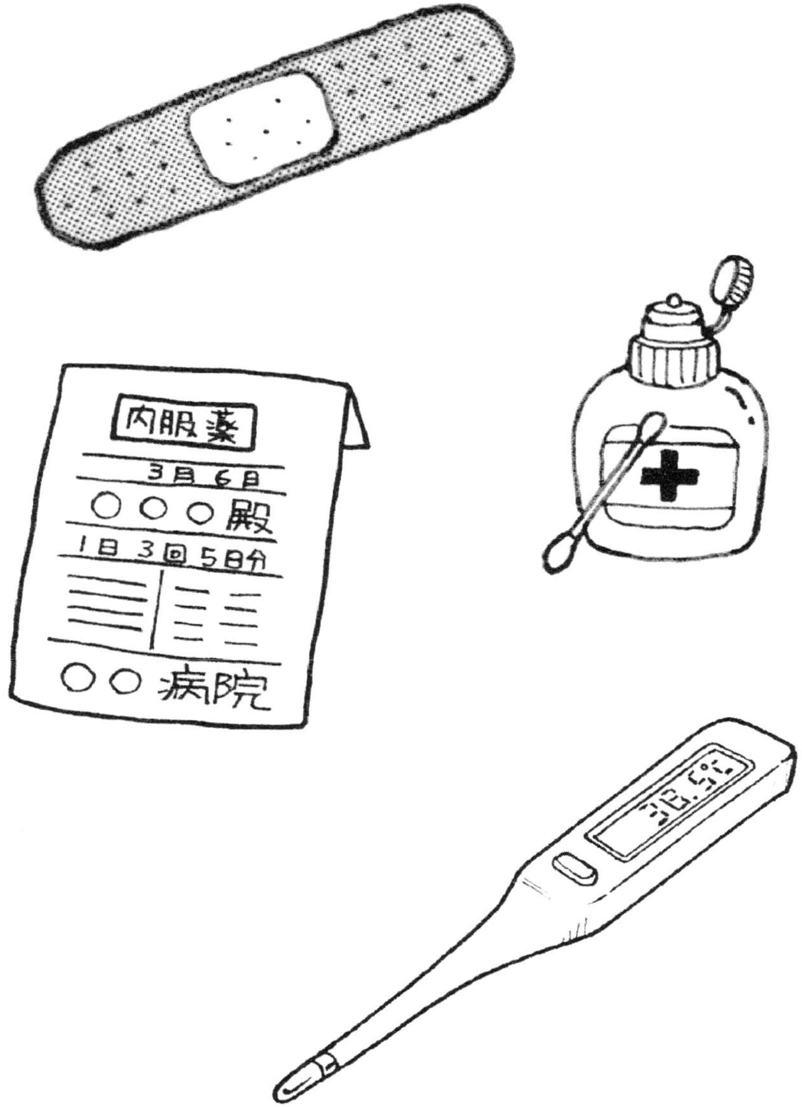

④

③

②

①

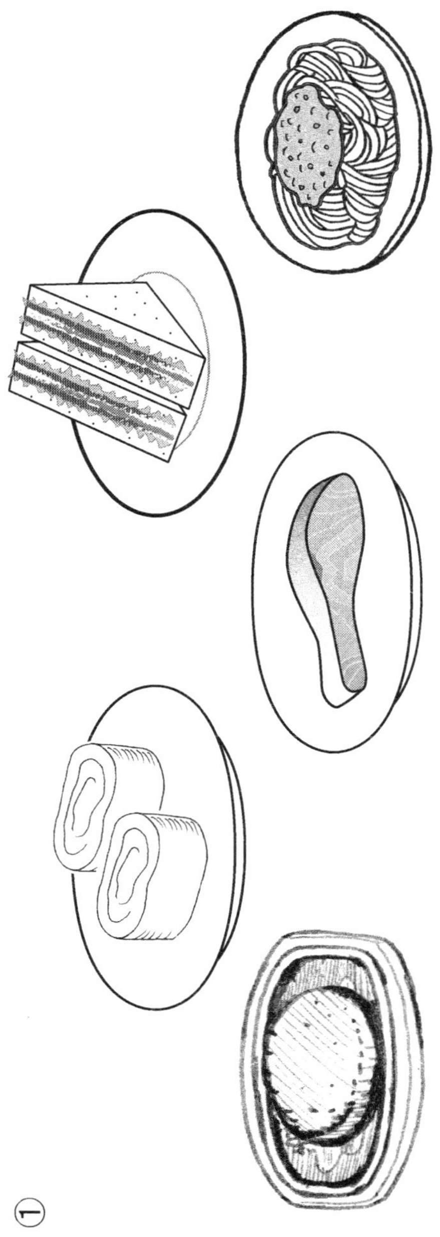

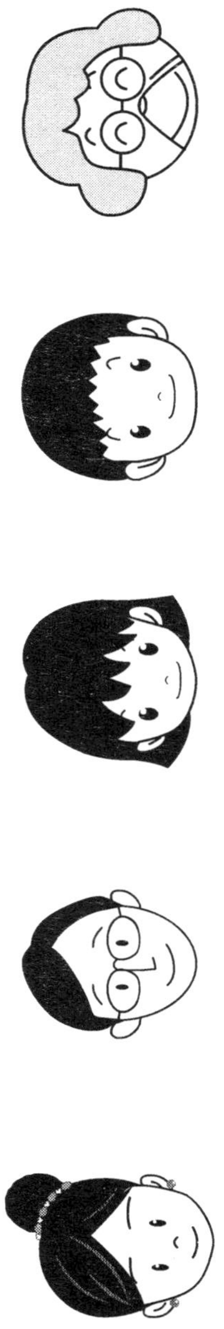

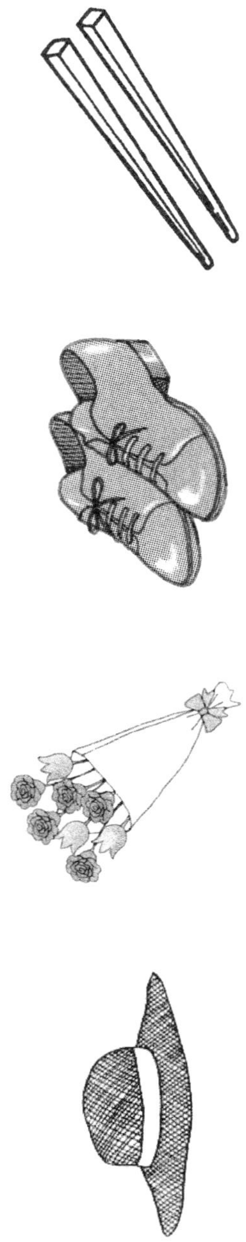

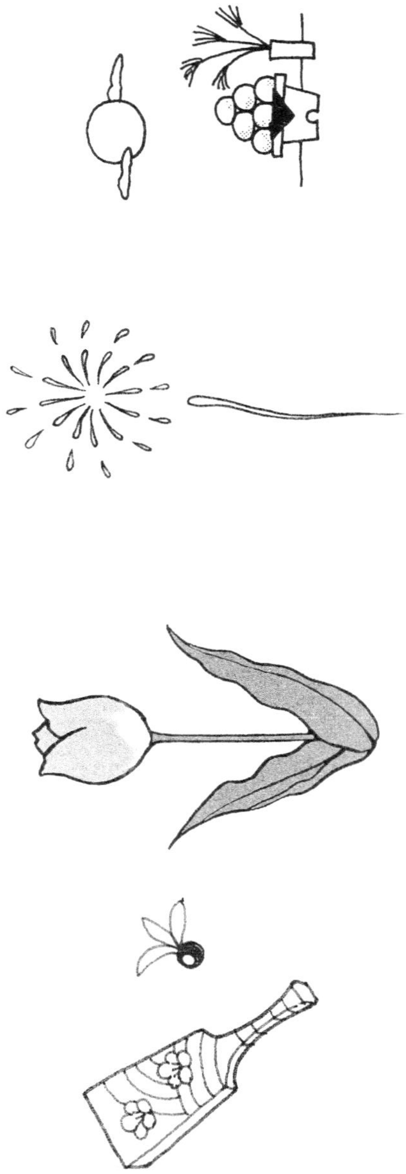

問題 **4 7**

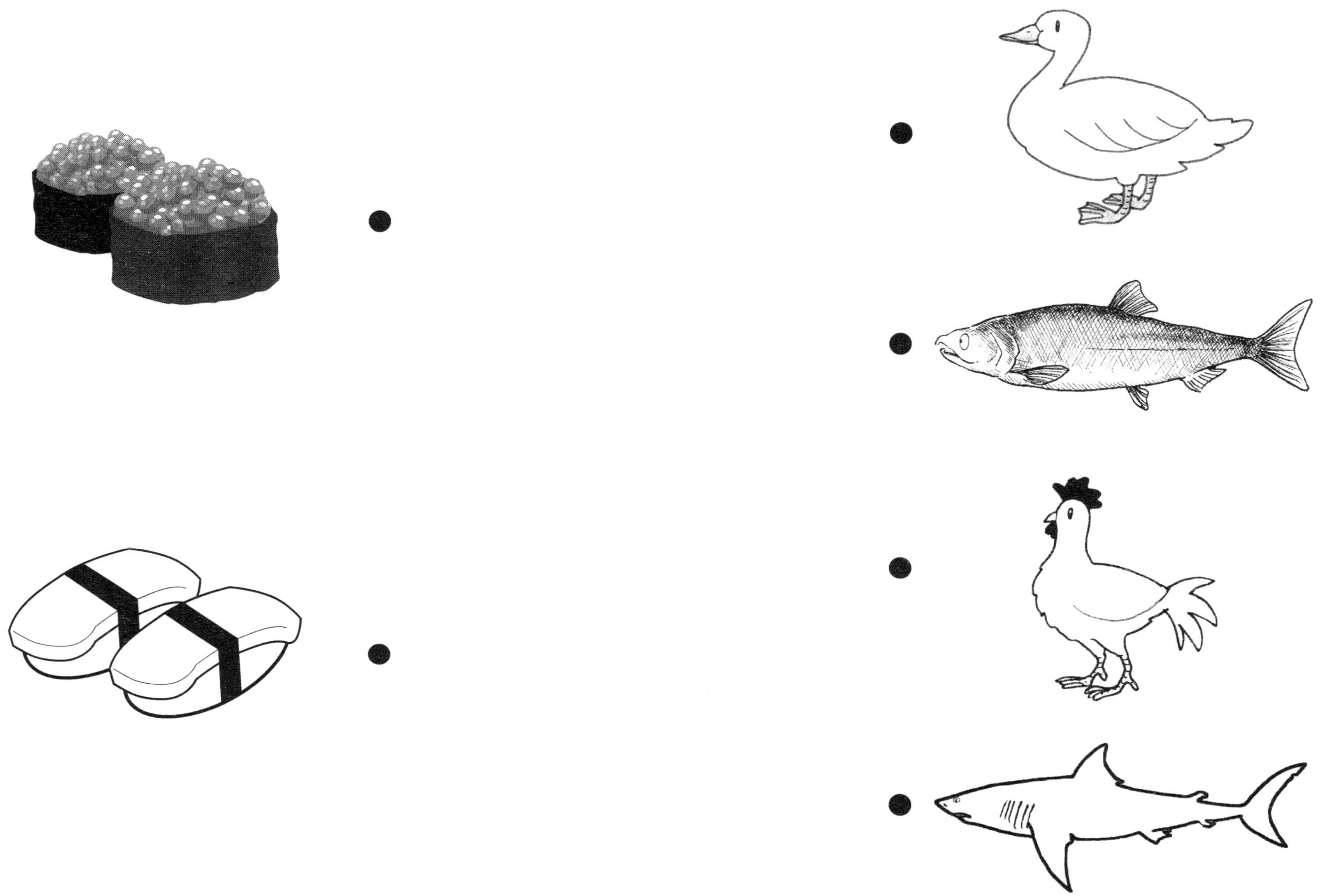

2024 年度 関西学院・雲雀丘学園 過去 無断複製/転載を禁ずる 日本学習図書株式会社

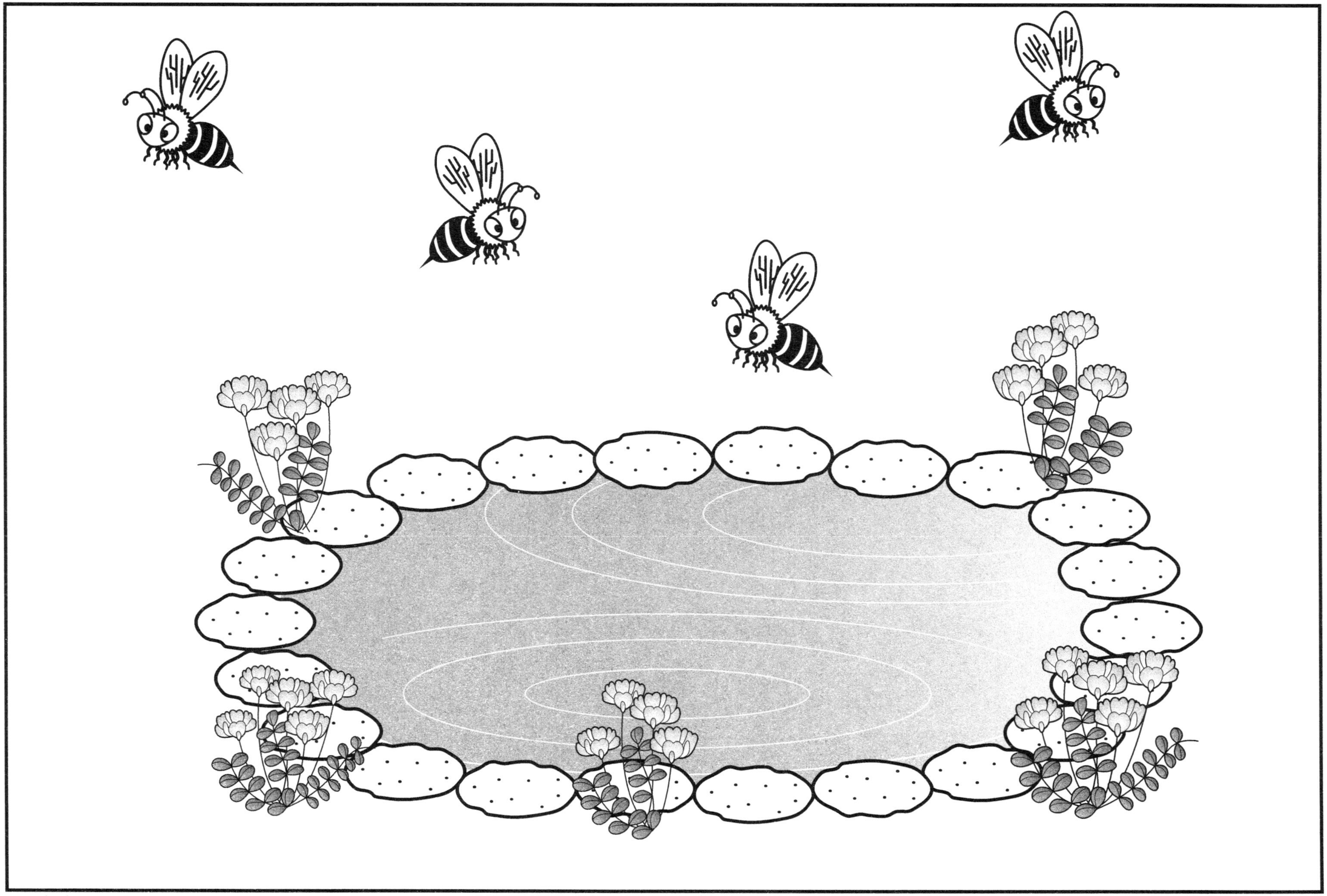

問題48−2

問題48－3

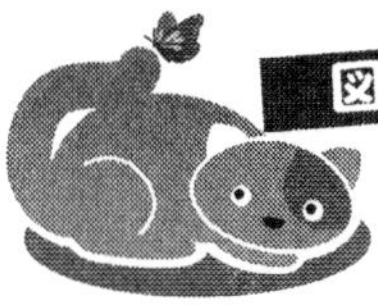

図書カード 1000 円分プレゼント

ご記入日 令和　年　月　日

☆国・私立小学校受験アンケート☆

※可能な範囲でご記入下さい。選択肢は○で囲んで下さい。

〈小学校名〉＿＿＿＿＿＿＿＿　〈お子さまの性別〉男・女　〈誕生月〉＿＿月

〈その他の受験校〉（複数回答可）＿＿＿＿＿＿＿＿

〈受験日〉①：＿月＿日〈時間〉＿時＿分～＿時＿分

②：＿月＿日〈時間〉＿時＿分～＿時＿分

〈受験者数〉男女計＿＿名（男子＿＿名　女子＿＿名）

〈お子さまの服装〉＿＿＿＿＿＿＿＿

〈入試全体の流れ〉（記入例）準備体操→行動観察→ペーパーテスト

＿＿＿＿＿＿＿＿

Eメールによる情報提供

日本学習図書では、Eメールでも入試情報を募集しております。

下記のアドレスに、アンケートの内容をご入力の上、メールをお送り下さい。

ojuken@nichigaku.jp

●行動観察　（例）好きなおもちゃで遊ぶ・グループで協力するゲームなど

〈実施日〉＿月＿日〈時間〉＿時＿分～＿時＿分　〈着替え〉□有　□無

〈出題方法〉□肉声　□録音　□その他（　　　）〈お手本〉□有　□無

〈試験形態〉□個別　□集団（　　人程度）

〈会場図〉

〈内容〉

□自由遊び

＿＿＿＿＿＿＿＿

□グループ活動

＿＿＿＿＿＿＿＿

□その他

＿＿＿＿＿＿＿＿

●運動テスト（有・無）　（例）跳び箱・チームでの競争など

〈実施日〉＿月＿日〈時間〉＿時＿分～＿時＿分　〈着替え〉□有　□無

〈出題方法〉□肉声　□録音　□その他（　　　）〈お手本〉□有　□無

〈試験形態〉□個別　□集団（　　人程度）

〈会場図〉

〈内容〉

□サーキット運動

□走り　□跳び箱　□平均台　□ゴム跳び

□マット運動　□ボール運動　□なわ跳び

□クマ歩き

□グループ活動＿＿＿＿＿＿＿＿

□その他＿＿＿＿＿＿＿＿

●知能テスト・口頭試問

〈実施日〉　＿＿月＿＿日　〈時間〉　＿＿時＿＿分　～　＿＿時＿＿分　〈お手本〉□有　□無

〈出題方法〉　□肉声　□録音　□その他（　　　　　　）　〈問題数〉　＿＿枚　＿＿問

分野	方法	内　容	詳　細・イ　ラ　ス　ト
(例) お話の記憶	☑筆記 □口頭	動物たちが待ち合わせをする話	(あらすじ) 動物たちが待ち合わせをした。最初にウサギさんが来た。次にイヌくんが、その次にネコさんが来た。最後にタヌキくんが来た。 (問題・イラスト) 3番目に来た動物は誰か 
お話の記憶	□筆記 □口頭		(あらすじ) (問題・イラスト)
図形	□筆記 □口頭		
言語	□筆記 □口頭		
常識	□筆記 □口頭		
数量	□筆記 □口頭		
推理	□筆記 □口頭		
その他	□筆記 □口頭		

●制作　（例）ぬり絵・お絵かき・工作遊びなど

〈実施日〉　　月　　日　〈時間〉　　時　　分　～　　時　　分

〈出題方法〉　□肉声　□録音　□その他（　　　　　　）〈お手本〉□有　□無

〈試験形態〉　□個別　□集団（　　　　人程度）

材料・道具	制作内容
□ハサミ □のり（□つぼ　□液体　□スティック） □セロハンテープ □鉛筆　□クレヨン（　色） □クーピーペン（　色） □サインペン（　色）□ □画用紙（□ A4　□ B4　□ A3 　　□その他：　　　　　　） □折り紙　□新聞紙　□粘土 □その他（　　　　　　　）	□切る　□貼る　□塗る　□ちぎる　□結ぶ　□描く　□その他（　　　　　　） タイトル：＿＿＿＿＿＿＿＿＿＿

●面接

〈実施日〉　　月　　日　〈時間〉　　時　　分　～　　時　　分〈面接担当者〉＿＿名

〈試験形態〉□志願者のみ（　　）名　□保護者のみ　□親子同時　□親子別々

〈質問内容〉

□志望動機　□お子さまの様子

□家庭の教育方針

□志望校についての知識・理解

□その他（　　　　　　　　　　）

（　詳　細　）

・

・

・

・

※試験会場の様子をご記入下さい。

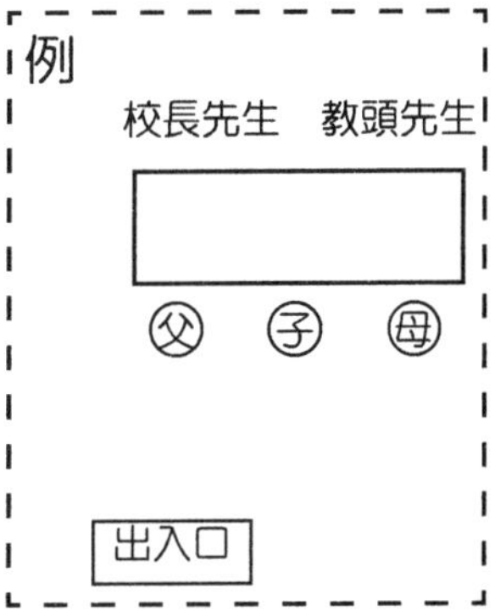

●保護者作文・アンケートの提出（有・無）

〈提出日〉　□面接直前　□出願時　□志願者考査中　□その他（　　　　　　）

〈下書き〉　□有　□無

〈アンケート内容〉

（記入例）当校を志望した理由はなんですか（150 字）

●**説明会**（□有　□無）〈開催日〉＿＿月＿＿日〈時間〉＿＿時＿＿分＿＿～＿＿時＿＿分

〈上履き〉　□要　□不要　〈願書配布〉　□有　□無　〈校舎見学〉　□有　□無

〈ご感想〉

●**参加された学校行事**（複数回答可）

公開授業〈開催日〉＿＿月＿＿日〈時間〉＿＿時＿＿分＿＿～＿＿時＿＿分

運動会など〈開催日〉＿＿月＿＿日〈時間〉＿＿時＿＿分＿＿～＿＿時＿＿分

学習発表会・音楽会など〈開催日〉＿＿月＿＿日〈時間〉＿＿時＿＿分＿＿～＿＿時＿＿分

〈ご感想〉

※是非参加したほうがよいと感じた行事について

●**受験を終えてのご感想、今後受験される方へのアドバイス**

※対策学習（重点的に学習しておいた方がよい分野）、当日準備しておいたほうがよい物など

＊＊＊＊＊＊＊＊＊＊＊＊　ご記入ありがとうございました　＊＊＊＊＊＊＊＊＊＊＊＊

必要事項をご記入の上、ポストにご投函ください。

なお、本アンケートの送付期限は入試終了後３ヶ月とさせていただきます。また、入試に関する情報の記入量が当社の基準に満たない場合、謝礼の送付ができないことがございます。あらかじめご了承ください。

ご住所：〒＿＿＿＿＿＿＿＿＿＿＿＿＿＿＿＿＿＿＿＿

お名前：＿＿＿＿＿＿＿＿＿＿　メール：＿＿＿＿＿＿＿＿＿＿

ＴＥＬ：＿＿＿＿＿＿＿＿＿＿　ＦＡＸ：＿＿＿＿＿＿＿＿＿＿

分野別 小学入試練習帳 ジュニアウォッチャー

1．点・線図形	小学校入試で出題頻度の高い『点・線図形』の模写を、難易度の低いものから段階別に幅広く練習することができるように構成。
2．座標	図形の位置模写という作業を、難易度の低いものから段階別に練習できるように構成。
3．パズル	様々なパズルの問題を難易度の低いものから段階別に練習できるように構成。
4．同図形探し	小学校入試で出題頻度の高い、同図形選びの問題を繰り返し練習できるように構成。
5．回転・展開	図形などを回転、または展開したとき、形がどのように変化するかを学習し、理解を深められるように構成。
6．系列	数、図形などの様々な系列問題を、難易度の低いものから段階別に練習できるように構成。
7．迷路	迷路の問題を繰り返し練習できるように構成。
8．対称	対称に関する問題を４つのテーマに分類し、各テーマごとに問題を段階別に練習できるように構成。
9．合成	図形の合成に関する問題を、難易度の低いものから段階別に練習できるように構成。
10．四方からの観察	もの（立体）を様々な角度から見て、どのように見えるかを推理する問題を段階別に整理し、１つの形式で複数の問題を練習できるように構成。
11．いろいろな仲間	ものや動物、植物の共通点を見つけ、分類していく問題を中心に構成。
12．日常生活	日常生活における様々な問題を６つのテーマに分類し、各テーマごとに一つの問題形式で複数の問題を練習できるように構成。
13．時間の流れ	『時間』に着目し、様々なものごとは、時間が経過するとどのように変化するのかということを学習し、理解できるように構成。
14．数える	様々なものを『数える』ことから、数の多少の判定やかけ算、わり算の基礎までを練習できるように構成。
15．比較	比較に関する問題を５つのテーマ（数、高さ、長さ、量、重さ）に分類し、各テーマごとに問題を段階別に練習できるように構成。
16．積み木	数える対象を積み木に限定した問題集。
17．言葉の音遊び	言葉の音に関する問題を５つのテーマに分類し、各テーマごとに問題を段階別に練習できるように構成。
18．いろいろな言葉	表現力をより豊かにするいろいろな言葉として、擬態語や擬声語、同音異義語、反意語、数詞を取り上げた問題集。
19．お話の記憶	お話を聴いてその内容を記憶、理解し、設問に答える形式の問題集。
20．見る記憶・聴く記憶	「見て憶える」「聴いて憶える」という『記憶』分野に特化した問題集。
21．お話作り	いくつかの絵を元にしてお話を作る練習をして、想像力を養うことができるように構成。
22．想像画	描かれてある形や景色に好きな絵を描くことにより、想像力を養うことができるように構成。
23．切る・貼る・塗る	小学校入試で出題頻度の高い、はさみやのりなどを用いた巧緻性の問題を繰り返し練習できるように構成。
24・絵画	小学校入試で出題頻度の高い、お絵かきやぬり絵などクレヨンやクーピーペンを用いた巧緻性の問題を繰り返し練習できるように構成。
25．生活巧緻性	小学校入試で出題頻度の高い日常生活の様々な場面における巧緻性の問題集。
26．文字・数字	ひらがなの清音、濁音、拗音、拗長音、促音と１～20までの数字に焦点を絞り、練習できるように構成。
27．理科	小学校入試で出題頻度が高くなりつつある理科の問題を集めた問題集。
28．運動	出題頻度の高い運動問題を種目別に分けて構成。
29．行動観察	項目ごとに問題提起をし、「このような時はどうか、あるいはどう対処するのか」の観点から問いかける形式の問題集。
30．生活習慣	学校から家庭に提起された問題と思って、一問一問絵を見ながら話し合い、考える形式の問題集。

31．推理思考	数、量、言語、常識（含理科、一般）など、諸々のジャンルから問題を構成し、近年の小学校入試問題傾向に沿って構成。
32．ブラックボックス	箱や筒の中を通ると、どのようなお約束でどのように変化するかを推理・思考する問題集。
33．シーソー	重さの違うものをシーソーに乗せた時どちらに傾くのか、またどうすればシーソーは釣り合うのかを思考する基礎的な問題集。
34．季節	様々な行事や植物などを季節別に分類できるように知識をつける問題集。
35．重ね図形	小学校入試で頻繁に出題されている「図形を重ね合わせてできる形」についての問題を集めました。
36．同数発見	様々な物を数え「同じ数」を発見し、数の多少の判断や数の認識の基礎を学べるように構成した問題集。
37．選んで数える	数の学習の基本となる、いろいろなものの数を正しく数える学習を行う問題集。
38．たし算・ひき算１	数字を使わず、たし算とひき算の基礎を身につけるための問題集。
39．たし算・ひき算２	数字を使わず、たし算とひき算の基礎を身につけるための問題集。
40．数を分ける	数を等しく分ける問題です。等しく分けたときに余りが出るものもあります。
41．数の構成	ある数がどのような数で構成されているか学んでいきます。
42．一対多の対応	一対一の対応から、一対多の対応まで、かけ算の考え方の基礎学習を行います。
43．数のやりとり	あげたり、もらったり、数の変化をしっかりと学びます。
44．見えない数	指定された条件から数を導き出します。
45．図形分割	図形の分割に関する問題集。パズルや合成の分野にも通じる様々な問題を集めました。
46．回転図形	「回転図形」に関する問題集。やさしい問題から始め、いくつかの代表的なパターンから、段階を踏んで学習できるよう編集されています。
47．座標の移動	「マス目の指示通りに移動する問題」と「指示された数だけ移動する問題」を収録。
48．鏡図形	鏡で左右反転させた時の見え方を考えます。平面図形から立体図形、文字、絵まで。
49．しりとり	すべての学習の基礎となる「言葉」を学ぶこと、特に「語彙」を増やすことに重点をおき、さまざまなタイプの「しりとり」問題を集めました。
50．観覧車	観覧車やメリーゴーラウンドなどを舞台にした「回転系列」の問題集。「推理思考」分野の問題ですが、要素として「図形」や「数量」も含みます。
51．運筆①	鉛筆の持ち方を学び、点線なぞり、お手本を見ながらの模写で、線を引く練習をします。
52．運筆②	運筆①からさらに発展し、「欠所補完」や「迷路」などを楽しみながら、より複雑な鉛筆運びを習得することを目指します。
53．四方からの観察 積み木編	積み木を使用した「四方からの観察」に関する問題を練習できるように構成。
54．図形の構成	見本の図形がどのような部分によって形づくられているかを考えます。
55．理科②	理科的知識に関する問題を集中して練習する「常識」分野の問題集。
56．マナーとルール	道路や駅、公共の場でのマナー、安全や衛生に関する常識を学べるように構成。
57．置き換え	さまざまな具体的・抽象的事象を記号で表す「置き換え」の問題を扱います。
58．比較②	長さ・高さ・体積・数などを数学的な知識を使わず、論理的に推測する「比較」の問題を練習できるように構成。
59．欠所補完	線と線のつながり、欠けた絵に当てはまるものなどを求める「欠所補完」に取り組める問題集です。
60．言葉の音（おん）	しりとり、決まった順番の音をつなげるなど、「言葉の音」に関する問題に取り組める練習問題集です。

関西学院初等部　専用注文書

年　　月　　日

合格のための問題集ベスト・セレクション

＊入試頻出分野ベスト３

1st 常　識　公　衆　知　識

2nd 推　理　思考力　観察力

3rd 口頭試問　話す力　聞く力

2023年度入試では、行動観察と運動の試験が３年ぶりに実施されました。ペーパーテストや口頭試問の内容については、大きな変化はなく、これまで通りの幅広い分野の学習が必要です。その中でも、常識分野は理科常識について細かい出題が見られるので対策しておきましょう。

分野	書　名	価格(税込)	注文	分野	書　名	価格(税込)	注文
図形	Ｊｒ．ウォッチャー２「座標」	1,650円	冊	知識	Ｊｒ．ウォッチャー34「季節」	1,650円	冊
図形	Ｊｒ．ウォッチャー６「系列」	1,650円	冊	図形	Ｊｒ．ウォッチャー53「四方からの観察 積み木編」	1,650円	冊
常識	Ｊｒ．ウォッチャー11「いろいろな仲間」	1,650円	冊	図形	Ｊｒ．ウォッチャー54「図形の構成」	1,650円	冊
常識	Ｊｒ．ウォッチャー12「日常生活」	1,650円	冊	知識	Ｊｒ．ウォッチャー55「理科②」	1,650円	冊
数量	Ｊｒ．ウォッチャー14「数える」	1,650円	冊	常識	Ｊｒ．ウォッチャー56「マナーとルール」	1,650円	冊
数量	Ｊｒ．ウォッチャー15「比較」	1,650円	冊	言語	Ｊｒ．ウォッチャー60「言葉の音（おん）」	1,650円	冊
言語	Ｊｒ．ウォッチャー18「いろいろな言葉」	1,650円	冊		１話５分の読み聞かせお話集①・②	1,980円	各　冊
記憶	Ｊｒ．ウォッチャー19「お話の記憶」	1,650円	冊		お話の記憶問題集 初級編	2,860円	冊
記憶	Ｊｒ．ウォッチャー20「見る記憶・聴く記憶」	1,650円	冊		お話の記憶問題集 中級編・上級編	2,200円	各　冊
知識	Ｊｒ．ウォッチャー27「理科」	1,650円	冊		新 口頭試問・個別テスト問題集	2,750円	冊
観察	Ｊｒ．ウォッチャー28「運動」	1,650円	冊		新 運動テスト問題集	2,420円	冊
観察	Ｊｒ．ウォッチャー29「行動観察」	1,650円	冊		保護者のための面接最強マニュアル	2,200円	冊
推理	Ｊｒ．ウォッチャー31「推理思考」	1,650円	冊		家庭で行う面接テスト問題集	2,200円	冊
推理	Ｊｒ．ウォッチャー33「シーソー」	1,650円	冊		新 小学校受験の入試面接Ｑ＆Ａ	2,860円	冊

合計	冊	円

（フリガナ） 氏　名	電　話 ＦＡＸ E-mail
住 所　〒　　　－	以前にご注文されたことはございますか。 有　・　無

★お近くの書店、または記載の電話・FAX・ホームページにてご注文をお受けしております。
電話：03-5261-8951　FAX：03-5261-8953　代金は書籍合計金額＋送料がかかります。
※なお、落丁・乱丁以外の理由による商品の返品・交換には応じかねます。
★ご記入頂いた個人に関する情報は、当社にて厳重に管理致します。なお、ご購入の商品発送の他に、当社発行の書籍案内、書籍に関する調査に使用させて頂く場合がございますので、予めご了承ください。

日本学習図書株式会社
http://www.nichigaku.jp

雲雀丘学園小学校　専用注文書

年　　月　　日

合格のための問題集ベスト・セレクション

＊入試頻出分野ベスト３

1st　常　識	2nd　推　理	3rd　数　量
知　識　観察力	観察力　思考力	思考力　集中力

2023年度入試からは、ペーパーテストがなくなり、代わりに口頭試問による試験が実施されました。形式は大きく変わりましたが、内容はこれまで通り、幅広い分野の常識問題が出題されます。季節、動物、植物の特徴などについて、早めの習得が必要です。

分野	書　名	価格(税込)	注文	分野	書　名	価格(税込)	注文
図形	Ｊｒ.ウォッチャー3「パズル」	1,650円	冊	推理	Ｊｒ.ウォッチャー31「推理思考」	1,650円	冊
図形	Ｊｒ.ウォッチャー6「系列」	1,650円	冊	知識	Ｊｒ.ウォッチャー34「季節」	1,650円	冊
常識	Ｊｒ.ウォッチャー11「色々な仲間」	1,650円	冊	言語	Ｊｒ.ウォッチャー49「しりとり」	1,650円	冊
常識	Ｊｒ.ウォッチャー12「日常生活」	1,650円	冊	知識	Ｊｒ.ウォッチャー55「理科②」	1,650円	冊
数量	Ｊｒ.ウォッチャー14「数える」	1,650円	冊	常識	Ｊｒ.ウォッチャー56「マナーとルール」	1,650円	冊
数量	Ｊｒ.ウォッチャー15「比較」	1,650円	冊	言語	Ｊｒ.ウォッチャー60「言葉の音（おん）」	1,650円	冊
言語	Ｊｒ.ウォッチャー17「言葉の音遊び」	1,650円	冊		実践 ゆびさきトレーニング①②③	2,750円	各　冊
言語	Ｊｒ.ウォッチャー18「いろいろな言葉」	1,650円	冊		１話５分の読み聞かせお話集①・②	1,980円	各　冊
想像	Ｊｒ.ウォッチャー21「お話作り」	1,650円	冊		新 運動テスト問題集	2,420円	冊
想像	Ｊｒ.ウォッチャー22「想像画」	1,650円	冊		新 小学校受験の入試面接Ｑ＆Ａ	2,860円	冊
巧緻性	Ｊｒ.ウォッチャー24「絵画」	1,650円	冊		新 口頭試問・個別テスト問題集	2,750円	冊
知識	Ｊｒ.ウォッチャー27「理科」	1,650円	冊		保護者のための面接最強マニュアル	2,200円	冊
観察	Ｊｒ.ウォッチャー28「運動」	1,650円	冊		家庭で行う面接テスト問題集	2,200円	冊
観察	Ｊｒ.ウォッチャー29「行動観察」	1,650円	冊		新 小学校受験 願書・アンケート・作文 文例集500	2,860円	冊

合計	冊	円

（フリガナ） 氏　名	電　話 ＦＡＸ E-mail
住 所　〒　　　－	以前にご注文されたことはございますか。 有　・　無

★お近くの書店、または記載の電話・FAX・ホームページにてご注文をお受けしております。
電話：03-5261-8951　FAX：03-5261-8953　代金は書籍合計金額＋送料がかかります。
※なお、落丁・乱丁以外の理由による商品の返品・交換には応じかねます。
★ご記入頂いた個人に関する情報は、当社にて厳重に管理致します。なお、ご購入の商品発送の他に、当社発行の書籍案内、書籍に関する調査に使用させて頂く場合がございますので、予めご了承ください。

日本学習図書株式会社
http://www.nichigaku.jp

家庭学習をトータルサポート！ ニチガクのオリジナル 効果的 学習法

1 まずは アドバイスページを読む！

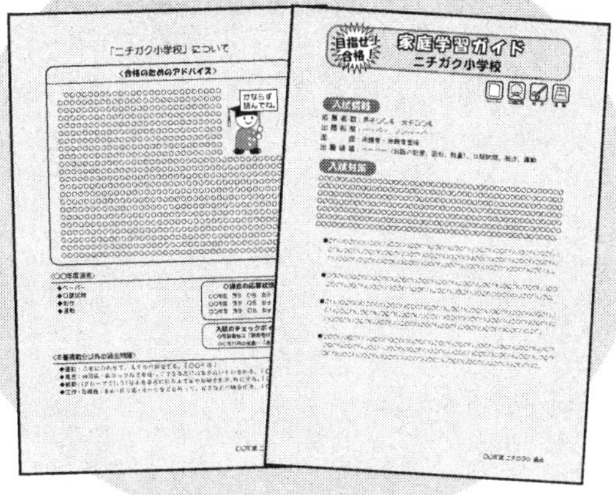

「ニチガク小学校」について
〈合格のためのアドバイス〉
かならず読んでね。
目指せ！合格！
家庭学習ガイド
ニチガク小学校

ピンク色です

対策や試験ポイントがぎっしりつまった「家庭学習ガイド」。しっかり読んで、試験の傾向をおさえよう！

2 問題をすべて読み、出題傾向を把握する

3 「学習のポイント」で学校側の観点や問題の解説を熟読

4 はじめて過去問題にチャレンジ！

5 プラスα 対策問題集や類題で力を付ける

過去問のこだわり

最新問題は問題ページ、イラストページ、解答・解説ページが独立しており、お子さまにすぐに取り掛かっていただける作りになっています。
ニチガクの学校別問題集ならではの、学習法を含めたアドバイスを利用して効率のよい家庭学習を進めてください。

各問題のジャンル

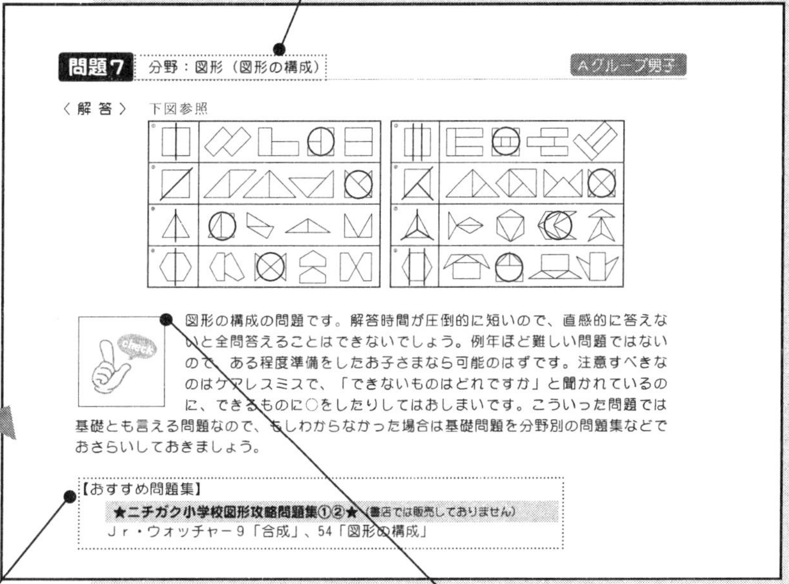

問題7 分野：図形（図形の構成）
Aグループ男子
〈解答〉 下図参照
check
図形の構成の問題です。解答時間が圧倒的に短いので、直感的に答えないと全問答えることはできないでしょう。例年ほど難しい問題ではないので、ある程度準備をしたお子さまなら可能のはずです。注意すべきなのはケアレスミスで、「できないものはどれですか」と聞かれているのに、できるものに○をしたりしてはおしまいです。こういった問題では基礎とも言える問題なので、もしわからなかった場合は基礎問題を分野別の問題集などでおさらいしておきましょう。
【おすすめ問題集】
★ニチガク小学校図形攻略問題集①②★（書店では販売しておりません）
Jr・ウォッチャー9「合成」、54「図形の構成」

学習のポイント

各問題の解説や学校の観点、指導のポイントなどを教えます。
今日から保護者の方が家庭学習の先生に！

おすすめ対策問題集

分野ごとに対策問題集をご紹介。苦手分野の克服に最適です！
＊専用注文書付き。

2024年度版 関西学院初等部
雲雀丘学園小学校 過去問題集

発行日 2023年5月29日
発行所 〒162-0821 東京都新宿区津久戸町3-11-9F
日本学習図書株式会社
電話 03-5261-8951 ㈹

ISBN978-4-7761-5517-1
C6037 ¥2300E
9784776155171
定価2,530円
(本体2,300円+税10%)
1926037023005